FERDINAND VON SCHIRACH
ALEXANDER KLUGE

Die Herzlichkeit der Vernunft

Ferdinand von Schirach
Alexander Kluge

Die Herzlichkeit der Vernunft

Luchterhand

Inhalt

Vorwort

Würde sich eine außerirdische Intelligenz unserem Erdkreis nähern, so sähe sie aus der Entfernung den Pale Blue Dot, einen blassblauen Punkt – unseren Planeten. In den Lücken zwischen den Wolkenbändern, wo der Blick bis zum Boden reicht, sähe diese neuerungsliebende Intelligenz die Zeichen elektronischen Smogs und die Zentren geballter Elektrizität, die nachts den Erdball charakterisieren. Ihr Blick würde aber außerdem auf winzigen Leuchtfeuern verharren, die durch Wolken und Wetter *nicht* verdunkelbar sind. Auch diese Funken zeigen irisierendes Blau. Das ist die Spur großer Geister wie Sokrates und Voltaire.

Solche Spuren, gleich ob tausende Jahre alt oder von heute, bilden eine *konsistente Geistesgegenwart*. Oft waren solche Geister als *Anwälte des Menschengeschlechts* praktisch tätig. Um die Stand-, Sitz- oder Liegeflächen solcher Personen – gesehen vom Kosmos sind sie winzig – bildet sich in blassblauer Farbe ein Licht. So sind sie trotz

Winzigkeit für die anreisende kosmische Intelligenz gut wahrnehmbar.

Wir glauben, anders als manche Meteorologen, Stratosphärenforscher und Physiker, dass die unverwechselbare Farbe unseres Planeten von dieser Geistestätigkeit und nicht bloß vom Wetter und einer besonderen Zusammensetzung der Elemente herrührt.

Ferdinand von Schirach
Alexander Kluge

SOKRATES
oder das Glück der Bescheidenheit

KLUGE

399 vor Christus wurde Sokrates zum Tode verurteilt.

SCHIRACH

Philosophen, Künstler, Schriftsteller, Theologen, Historiker – fast jeder glaubt heute, der Prozess gegen Sokrates sei der erste Justizmord gewesen. Der Prozess gegen ihn wird mit dem Prozess gegen Jesus Christus verglichen, hier wie dort sei ein Unschuldiger zum Tode verurteilt worden und das nur, weil er nicht glauben wollte, was er glauben sollte. Die Athener seien Mörder, Sokrates ein Märtyrer für die Demokratie und das freie Denken. Aber vielleicht stimmt das nicht ganz und wir müssen uns Sokrates und Athen genauer ansehen.

KLUGE

500 Athener traten als Richter über Sokrates auf. Eine gewaltige Zahl.

SCHIRACH

Die Idee der Schöffen, der Laienrichter, ist sehr alt. Auch in Deutschland gab es bis 1924 noch Gerichte mit 12 Geschworenen. Dann hat ein sparsamer Justizminister das abgeschafft. Heute sind bei den höheren Gerichten jeweils zwei Schöffen beteiligt, Menschen aus der Mitte der Gesellschaft, sie dürfen keine juristische Vorbildung haben. Aber die Idee, dass die Bürger selbst Recht sprechen, kennen schon die Athener. Dort urteilen 300, 500, manchmal sogar 6000 Richter über einen Fall. Das ist keine Herrschaftselite, das sind die Menschen auf dem Markplatz.

KLUGE

Sokrates sagt, seine Ankläger werden den Schuldspruch noch bereuen.

SCHIRACH

Das ist natürlich nicht sehr klug. Richter zu bedrohen funktioniert fast nie.

KLUGE

Sokrates ist schon siebzig Jahre alt, verheiratet und hat drei Kinder, als ihm der Prozess gemacht wird.

SCHIRACH

Er ist der Sohn einer Hebamme und eines Steinmetzen. Er lernt das Handwerk des Vaters. In drei Schlachten kämpft er als Soldat für Athen. Als sein Vater stirbt, erbt er ein kleines Vermögen. Er steht fast dreißig Jahre auf dem Marktplatz und geht allen furchtbar auf die Nerven. Er befragt Handwerker, Politiker und Priester so lange, bis sie zugeben müssen, dass sie nichts wissen. Viele ärgern sich über ihn, er sei eine Zumutung, sagen sie, aber jeder weiß natürlich, wie klug dieser Mann ist. Die adligen Familien bitten ihn, dass er ihre Kinder erzieht. Sokrates nimmt kein Geld wie die anderen Philosophen, er will unabhängig bleiben. Das wenige, was er hat, reicht zum Leben, manchmal bekommt er ein paar Drachmen von reichen Freunden zugesteckt. Zu Hause sieht es nicht gerade erfreulich aus. Seine Frau, Xanthippe, ist mehr als anstrengend. Einer seiner Freunde fragt Sokrates, warum er ausgerechnet eine Frau geheiratet habe, die – so der Freund wörtlich – »unter allen lebenden, ja, unter allen die jemals gelebt haben und noch künftig leben werden, die Unerträglichste ist.« Sokrates antwortet, wie wohl nur ein sehr ausgeglichener Philosoph antworten kann. Er habe sich gedacht: »wenn ich sie ertrage, werde ich mich leicht in alle andere Menschen finden können.« Das ist seine grundsätzliche Einstellung zur Ehe. An anderer Stelle sagt er: »Heirate auf jeden Fall! Kriegst du eine gute Frau, wirst du glücklich. Kriegst du eine böse, dann wirst du ein Philosoph.«

KLUGE
Sokrates sah aus wie ein Silen.

SCHIRACH
Ein behaarter Waldgott mit Hängebauch und Pferdebeinen. Einmal tritt er bei einem Schönheitswettbewerb an. Sein Gegner ist der hübscheste Jüngling Athens.

KLUGE
Sokrates preist sich selbst ausnahmsweise.

SCHIRACH
Er erklärt dem Publikum, seine dicke Stulpnase sei perfekt, er könne damit viel besser riechen als der schöne Jüngling. Auch seine in verschiedene Richtungen schielenden Augen seien von Vorteil, er könne damit nämlich nicht nur geradeaus, sondern auch zur Seite sehen. Und sein großer Mund könne viel mehr abbeißen, seine dicken Wulstlippen weicher küssen. Natürlich bekommt der schöne Jüng-

ling alle Stimmsteine. Der alte Philosoph sagt, man lerne daraus, dass Schönheit keine Frage der Argumentation ist.

KLUGE

Luca Giuliani vom Wissenschaftskolleg zu Berlin, der Archäologe, den ich zum Aussehen des Sokrates befragte, verwies auf eine Statue des Sokrates. Es gibt vom lebendigen Sokrates keine Abbildung, nur Karikaturen und Masken. Das Gesicht des Sokrates mit der Knubbelnase ist nur durch diese Statue überliefert. Der Mann galt, sagt Giuliani, nach dem Prozess und seiner physischen Vernichtung als Staatsfeind. Das vermutliche Unrecht, das der Prozess enthielt, steigerte noch den Hass seiner Verfolger. Er war etwa so beliebt wie die Rote Armee Fraktion nach 1977 bei der Staatsführung der Bundesrepublik. Die Jünger des Sokrates haben dann, noch während der Verfolgungszeit, als eine Provokation und illegal eine Statue errichtet. Auch die ist nicht erhalten. Aber von ihr stammen alle Kopien, die wir kennen: der Typ Sokrates A und der Typ Sokrates B. Auf der Skulptur wurden Gestalt und Gesicht des Sokrates dem Satyr Marsyas nachgebildet. Dieser Satyr hatte es gewagt, als Musiker mit dem Gott Apoll zu rivalisieren. Auf Befehl des grausamen Gottes wurde ihm die Haut bei lebendigem Leib abgezogen. Ein Tod, grausamer als der Schierlingsbecher. Von diesem Satyr stammen die wulstigen Lippen, die spezielle Nase. In einer Welt der »Kalokagathia«, der Einheit von Wahrheit und Schönheit, ist Sokrates A der Gegenpol. Lavater fragt: Ist ein so hässlicher alter Mann nicht notwendig ein Lügner? Erst auf diese Statue beziehen sich die später verfassten Dialoge des Platon und der Bericht des Xenophon. Etwas Imaginäres, ein nachträgliches Bild, hat die Tradition bis heute geprägt. Auch Montaigne, Spinoza und (mit Behaarung) Nietzsche haben kein schönes Gesicht. Fast würde ich einem hübschen Mann oder einer gutaussehenden Frau keine philosophische Tiefe zutrauen. So fest sind Vorurteile – unter dem Siegel des Leidens des Marsyas – eingeprägt.

SCHIRACH

Polyklet war vielleicht der bedeutendste griechische Bildhauer. Er soll einen Kanon über die Schönheit verfasst haben, wir kennen seine Schriften nur aus indirekten Quellen. In diesem Kanon hat er den idealen menschlichen Körper beschrieben, eine auf Maßen basierende Symmetrie- und Proportionslehre. Also: In welchem Verhältnis steht die Länge des kleinen Fingers zur Länge des Unterarms, in welchem Verhältnis der Unterarm zum Oberarm und so weiter. Aber dann – und darauf kommt es an – müsse der Bildhauer »etwas wegnehmen und etwas hinzufügen«. Erst so entstehe Schönheit. Was dieses »etwas« ist, hat er natürlich nicht gesagt.

KLUGE

Das Schöne ist ein ganz komplizierter Begriff, auch bei Sokrates natürlich, und bei Platon. Die Schönheit ist eine eigene Macht. Aber was ist schön? Zum Beispiel ist das Gesicht der Mutter, die Dürer gemalt hat, deutlich interessanter als meinetwegen das eines Models, wo man die wesentlichen Informationen doch relativ rasch erfasst hat.

SCHIRACH

Dürer zeigt seine Mutter rau, voller Furchen, der Schmerz ist sichtbar, die Zeit. Platon unterscheidet noch nicht zwischen dem Erhabenen und dem Schönen – das Schöne gefällt nicht, es erschüttert. In der Neuzeit ändert sich das. Jetzt gilt nur das Glatte als schön, das Widerstandslose. Edmund Burke formuliert das zum ersten Mal im 18. Jahrhundert, das Schöne sei die glatte, die polierte Oberfläche. Heute haben Autos, Telefone, Fernseher keine Kanten mehr, keine steilen Winkel, keine Rauheit. Das Gesicht eines Models wird so lange mit Photoshop bearbeitet, bis es eben ist. Symmetrie gefällt uns, solche Gesichter ziehen uns an. Aber ich glaube, das alleine reicht eben nicht, es fehlt etwas. Der französische Parfumeur Jean-Claude Ellena mischt seinen sehr klaren Düften immer auch eine Irritation bei – sie sind nie nur glatt. Vielleicht ist das dieses »Etwas«, von dem Polyklet spricht.

KLUGE

Die drei Ankläger gegen Sokrates sind ein Dichter, ein Handwerker und ein Redner. Er habe gegen die Götter gefrevelt und er verderbe die Jugend, sagen sie. Der Frevel gegen die Götter wird *Asebie* genannt.

SCHIRACH

Geschütztes Rechtsgut der Asebie ist die Staatsreligion. Aber was genau dieser Frevel sein soll, wird nicht erklärt. Ist das ein Unrechtsgesetz? Für uns heute natürlich, auch wenn wir mit der Religionsfreiheit noch immer nicht sehr weit gekommen sind. Unser Recht heute sieht nämlich nur vor, dass der Staat sich nicht in die Religionen einmischen darf. Klüger wäre es, dass sich Religionen nicht in den Staat einmischen dürften.

KLUGE

Das Asebie-Gesetz war nie populär. Unglaube, Gotteslästerung, Glaubensverrat, Rücksichtslosigkeit gegenüber dem Numen (»göttliches Geheimnis«), auf das die Mitbürger sich verlassen, strafbare Querköpfigkeit. Alkibiades und seine Genossen sind total besoffen vor der Abfahrt nach Sizilien auf den Feldzug. Sie bemalen die Stadtgottheiten. Das war Asebie. Alkibiades wurde während seiner Abwesenheit angeklagt.

SCHIRACH

Trotzdem ist Athen nicht Nordkorea. Es existiert keine Gedankenpolizei, das passt nicht zu der freien Stadt. Es gibt dafür auch zu viele Götter, zu viele Kulturen und zu viele Einwanderer mit fremden Bräuchen. Ich zweifle, ob die drei Ankläger überhaupt glaubten, mit dem Asebie-Vorwurf durchzudringen. 24 Jahre vor dem Prozess wurde ein Theaterstück aufgeführt. Sokrates tritt dort als ewiger Zweifler auf, er ist eine Karikatur.

KLUGE

Eine Komödie des Aristophanes, »Die Wolken«.

SCHIRACH

Theater in Athen ist Fernsehen, Kino, Radio und Internet in einem, es gibt keine andere Unterhaltung. Wenn man abends ausgehen will, bleibt nur die Bühne. Die Athener lieben ihr Theater, jeder kennt jedes Stück, und vermutlich lacht Sokrates am lautesten über sich selbst. Es widerspricht dem Geist der freien Athener, sich erst über jemanden in einer Komödie zu amüsieren und ihn ein paar Jahre später für genau diese Vorwürfe zum Tode zu verurteilen. Ich glaube also, der Asebie-Vorwurf war zweitrangig. In dem Prozess sagt Sokrates, es sei völliger Unsinn, man hätte ihn doch sehen können, wie er die geforderten Riten eingehalten habe. Das ist ein guter Einwand. Die Religion Athens ist eine Kultreligion, gefordert ist also lediglich der Kult, ein bestimmtes äußeres Verhalten. Mehr verlangt Athen nicht, es interessiert den Staat nicht, was der Bürger denkt. Sokrates hat keine Gottesbilder verstümmelt, keine Altäre geschändet, keine neue Religion gegründet. Und er zweifelt nicht an der Existenz der Götter.

KLUGE

Es geht um den zweiten Vorwurf, das Verderben der Jugend. Wissen wir, was damit gemeint ist?

SCHIRACH

Auch das scheint nicht ganz klar zu sein. Die Erziehung zum Ungehorsam vielleicht. Oder den Familienverband aufzulösen. Oder die Jugend von der Arbeit abzuhalten, weil nach Wahrheit zu forschen wichtiger sei, als Geld zu verdienen.

KLUGE

War diese Anklage nur ein Vorwand?

SCHIRACH

Politische Prozesse sind nur in ihrer Zeit zu verstehen. Wir müssen zurücksehen. Jahrhunderte waren Homers Erzählungen die Erzieher Griechenlands, der Kampf um Troja, die Fahrten des Odysseus. In der »Ilias« wird der Schild des Achilles beschrieben. Er ist das Symbol ewiger Ordnung, der ganze Kosmos ist auf ihm abgebildet, alles hat noch seinen Platz: das Meer, der Himmel, die Erde, die Menschen und die Götter. Tatsächlich ist das Leben in Athen aber schon lange nicht mehr so einfach. Großgrundbesitzer haben die Macht an sich gerissen. Die Bevölkerung ist zwar frei, aber in jeder Weise abhängig und daher praktisch rechtlos. Solon erlässt die erste Verfassung, er weiß, dass sie am Anfang jeder Gemeinschaft stehen muss. Wir haben das ja versäumt, unsere Politiker waren nicht in der Lage, uns eine europäische Verfassung zu geben. Die Folgen erleben wir gerade jeden Tag. Auch in Athen sind die Parteien zerstritten. Die Reichen glauben zu viel verloren, die Armen zu wenig gewonnen zu haben. Im Chaos setzt sich ein neuer Tyrann durch, und erst als er stirbt, begann sich alles zu ändern.

KLUGE

Kleisthenes wird zum Archon, zum höchsten Beamten. Er stammt aus der Familie der Alkmeoniden und gehört damit zu den Eupatridai, den attischen Adelsgeschlechtern.

SCHIRACH

Er ordnet den Staat neu. Viele der alten Strukturen hebt er auf, er teilt Attika in drei Großregionen ein und gründet den Rat der 500. Die einzelnen Regionen sind dort durch ihre Bürger vertreten, die Menschen werden selbstbewusster. Das ist das Tor zur Demokratie. Aber jetzt droht eine ganz andere Gefahr: Die Perser greifen nach Griechenland, sie wollen ihr Reich ausdehnen. Ein furchtbarer Krieg beginnt, alles gerät aus den Fugen, die Welt Homers ist jetzt endgültig nur noch eine Sehnsucht. Der geheimnisvolle Heraklit formuliert es zum ersten Mal: »Alles ist im Fluss.« Aber er sagt es auch drastischer, nämlich die Welt sei ein »wüst hingeschütteter Misthaufen«. In unglaublicher Kraftanstrengung gewinnen die Griechen die letzten Schlachten, kein persisches Heer setzt danach wieder nach Europa über. Sie siegen, weil das ganze Volk kämpft. Es ist keine bezahlte Armee, es sind die Bürger selbst. Und wieder Heraklit: »Krieg ist aller Dinge Vater, aller Dinge König.« Das Volk ist durch den Sieg selbstbewusst geworden, die Menschen wollen jetzt endgültig über ihren Staat bestimmen. Das ist etwas völlig Neues. Eine Volksversammlung soll entscheiden, ein Volksgerichtshof tagen.

KLUGE

Die Athener haben ein System erfunden, um sich vor einem neuen Tyrannen zu schützen: das Scherbengericht.

SCHIRACH

Einmal im Jahr kann jeder den Namen des Mannes, von dem er glaubt, er bedrohe die Freiheit, auf eine Tonscherbe schreiben. Das Scherbengericht ist weit wirksamer als jeder Shitstorm auf Twitter, Facebook und Instagram: Der Meistgenannte wird für zehn Jahre aus der Stadt verbannt. Die Athener machen die Stadt zu ihrer Stadt. Und weil sie gelernt haben, dass eine Stadt durch Recht gestaltet wird, erfinden sie ihr eigenes Recht und ihre eigene Rechtsprechung. Sie wollen nur den Gesetzen gehorchen, die sie sich selbst gegeben haben. Die Freiheit in dieser Stadt ist größer als irgendwo sonst. Die Menschen leben, wie sie es für richtig halten, sie dürfen alles tun und denken, solange sie den jungen Staat nicht gefährden. Ihre Gesellschaft ist überschaubar, der Einzelne weiß, wo die Grenzen liegen, und wenn es darüber Streit gibt, ficht man ihn vor Gericht aus. Es gibt keine Rechtswissenschaft, keine Staatsanwälte und keine Verteidiger, die Bürger selbst stehen sich gegenüber. Im Streit geht es nicht um die Auslegung von Gesetzen, sondern um das bessere Argument. Die Bürgerrichter sollen die Demokratie schützen. Es funktioniert. Es war das einzige Mal in der Geschichte, dass ein Volk von seiner eigenen Rechtsprechung regelrecht begeistert ist. Die Athener lieben ihre Prozesse.

KLUGE

Perikles wird damals Jahr für Jahr wieder gewählt.

SCHIRACH

Er ist der überragende Staatsmann, ein brillanter Redner. Seine besonnene Politik überzeugt die

Volksversammlung. Aber dann wird er alt und führt sinnlose Feldzüge, Parteikämpfe brechen aus, Demagogen – die antike Form der Lobbyisten – gewinnen an Einfluss, es ist das ganze hässliche, eitle und dumme Streben nach Macht. Athen unterdrückt die anderen Städte Griechenlands, die ehemaligen Gefährten im Kampf gegen die Perser. Als Perikles stirbt, ist Sokrates 40 Jahre alt. Damals wird er zum Philosophen. Ganz Griechenland erhebt sich gegen Athen, ein irrsinniger Krieg beginnt, er dauert 27 Jahre. Der Umgang mit Feinden und Gefangenen ist brutal, die Kriegsführung ohne Mitleid, und allmählich verdunkelt sich das helle Athen und sein Glanz wird stumpf. Am Ende unterliegt die stolze Stadt, ihre Mauern werden geschleift, sie verliert beinahe alles, was sie besitzt.

KLUGE

Der Sieger ist Sparta.

SCHIRACH

Athen hat diesen Stadtstaat immer verachtet. Die Spartiaten sind Krieger, sie kennen von klein auf nichts anderes als Kampf, Tod und Heldentum. Nach ihrem Sieg unterstützen sie in Athen die schon lange abgeschaffte Klasse, den alten Adel. Die furchtbare Herrschaft der 30 Tyrannen beginnt. Acht Monate wüten sie in der Stadt, sie rauben und morden, ein einziges Blutbad. Aber erneut wehren sich die Athener gegen ihre Unterdrücker, sie kämpfen und schließlich besiegen sie die Tyrannen. Das mächtige Sparta greift nicht ein, aber verlangt eine Amnestie für die Tyrannen, die Mörder sollen verschont bleiben. Athen muss sich beugen. Das trifft die Bürger hart, jeder hat Verwandte, die umgebracht wurden, jeder hat Freunde verloren. Ich glaube, das ist der wirkliche Grund für Sokrates' Verurteilung. Athen ist geschwächt, die Stadt wankt und droht zu versinken. Die Vertreibung der 30 Tyrannen ist gerade mal vier Jahre her, als Sokrates angeklagt wird. Die Bürger müssen jetzt alles tun, um ihren Staat zu sichern. Sie sehen in Sokrates den Feind, denn zwei der Tyrannen, darunter ihr oberster Führer, waren seine Schüler. Sokrates hat sie erzogen. Das wird ihm jetzt vorgeworfen. Aber nicht nur das. Sein herausragendster Schüler, Platon, ist ein Neffe des getöteten obersten Tyrannen. Die Athener haben Angst, Sokrates werde ihn und andere erneut falsch, das heißt gegen den Staat, wie ihn die Athener wollen, erziehen. Ich glaube, Sokrates ist das auch klar. Er sagt, sein schlechter Ruf sei es, der ihn zu Fall bringe – und nicht die vorgebrachten Anklagepunkte.

KLUGE
Ein Prozess in Athen dauert den ganzen Tag.

SCHIRACH
Er muss am Abend beendet sein.

KLUGE
... so schön wie ein Theaterstück.

SCHIRACH
Immer brauchen wir das Erzählen. In den nördlichen Ländern hat sich die Bedeutung des Thing, also der Versammlung, gehalten. Das norwegische Parlament heißt »starting«, also »große Versammlung«. Das Thing war ein heiliger Ort. Wenn etwas Schreckliches passiert war, zum Beispiel wurde ein Dorf niedergebrannt und die Frauen vergewaltigt, trafen sich die Menschen dort, meist war es auf einem Hügel. Dort gab es zwei Arten von Richtern: die Erzähler und die Urteiler. Interessanterweise waren die Urteiler gar nicht so wichtig, es ging um die Erzähler. Sie sprachen so lange über das furchtbare Ereignis, bis alles erfasst war. Welcher Frau wurde was angetan? Welches Haus wurde wie niedergebrannt? Wie sahen die Angreifer aus? Wie viele waren es? Das genaue Erzählen beruhigte die Gemeinschaft. Das Böse ist immer

das Unaussprechliche, das Unausgesprochene – die Schuhspitzen, die wir unter dem Vorhang sehen, die Schritte, die wir nachts auf der Straße hinter uns hören. Vielleicht interessieren uns Strafprozesse genau deshalb: Dort werden die Taten »nachgespielt«, das heißt nachvollzogen. Noch immer sind sie furchtbar, aber sie machen uns weniger Angst.

KLUGE
Sokrates verteidigt sich nicht klug.

SCHIRACH
Aus der Sicht eines Strafverteidigers ist es eine Katastrophe. Erst beschimpft er seine Ankläger, dann will er seine Richter zwingen, die Fehler in ihrem Staat und in ihrer Justiz zu erkennen. Dabei wäre es einfach gewesen. Sokrates hätte nur zeigen müssen, wie ungerecht es ist, dass er für die Verbrechen der Tyrannen büßen soll. Einer der drei Ankläger ist ein Opfer der 30 Tyrannen und ein Opfer der erzwungenen Amnestie. Dieser Mann ist befangen. Sokrates hätte sich auf die Redefreiheit berufen müssen, auf die Athen so stolz war. Er hätte sagen müssen, dass einem Lehrer vielleicht die Erziehung, aber doch ganz sicher nicht das Leben seiner Schüler vorgeworfen werden könne.

Und er hätte zeigen müssen, dass dieser Vorwurf unter die erzwungene Amnestie fällt. Sokrates will das alles nicht. Er verteidigt sich nicht rechtlich, er verteidigt sich philosophisch.

KLUGE

Im Sinne der athenischen Republik (die ihn konsequent zum Tode verurteilte) scheint Sokrates kein Demokrat gewesen zu sein. Seine Seele war träge. Sie hatte noch zu tun mit den Freunden und dem Regime von vor zwei Jahren. Die stürzten. In ihm aber sind sie noch präsent. In der neuen Realität ist er noch nicht heimisch. Zur Auswanderung wäre er an sich motiviert. Hätte er den Antrag auf Exodus gestellt, hätte er den Prozess vermutlich überlebt. Das ist ihm aber an Meinung auch schon zu viel. Er hält sich nicht für wichtig.

SCHIRACH

Ja, er ist kein *absoluter* Demokrat im Sinne Athens. Er ist gemäßigter. Der Prozess ist formell in Ordnung, die Regeln werden eingehalten. Das Urteil ist auch nicht willkürlich – Sokrates will ja tatsächlich etwas verändern. Die Athener dürfen ihren Staat mit ihrem Recht dagegen schützen. Sokrates fordert durch sein arrogantes Auftreten vor Gericht den Schuldspruch heraus. Seine Verurteilung ist deshalb kein Justizmord, sondern – wenn Sie so wollen – ein Justiz*selbstmord*.

KLUGE

Das Volk kann den Staat nicht leiten, sagt Sokrates, es muss einen *überlegenen Hirten* geben. Diese Ansicht wird dem Sokrates in den Dialogen des Platon zugeschrieben. Platon selbst war politischer Berater des Tyrannen von Syracus. In einem seiner Hauptwerke, »Der Staat«, entwirft Platon eine reaktionäre Gesellschaft, die von Philosophen geleitet wird. Es gibt dort drei hierarchisch voneinander abgesetzte Stände: den Lehrstand, den Wehrstand und den Nährstand. Der Nährstand aus Bauern und Sklaven (auch einigen Ärzten, Schmieden und Tischlern) gehorcht dem Wehrstand, der Armee, und alle Gehorchenden gemeinsam unterstehen den Philosophen, die, wenn man Platon glaubt, Botschaften außerirdischer Mächte verwalten und weitergeben. Mancher gebildete Faschist und viele Denker, rechts von den Nationalsozialisten, beschäftigten sich in den dreißiger Jahren mit dieser Baugrube geheimnisvoller Gedanken. Die Ideenwelt des Platon steht für eine Elitenwelt. Sokrates ist demgegenüber stilisiert als ein Mann mit Bodenhaftung, ein »Bauer des Denkens«. Was wir von ihm wissen, kommt entweder aus der Feder von Gegnern, also aus den Komödien des Aristophanes, in denen er als Sophist auftritt, der einige Meter über dem Boden dahinfliegt, oder von seinen Jüngern Xenophon und Platon, die ihn mit ihren Konzepten, mit Hörensagen und Leitsätzen aufgefüllt haben. Ich, lieber Herr von Schirach, beeinflusst von Ihnen, möchte mir unter Sokrates etwas vorstellen, an das ich glaube: ein Mann, der sich keinen Gedanken verbietet, auch keine Wahrnehmung seiner Sinne, und gleichzeitig Maß besitzt. So etwas ist kein »Hirte«, und er geriert sich auch nicht als etwas »Überlegenes«. Er ist auch nicht bescheiden. Auf ihn passt das griechische Wort für Demut: *Senkung der Ich-Schranke*. So etwas vermag nur ein starkes Ich, das vermutlich aus Nordgriechenland kommt, frisch vom Lande in die Stadt.

SCHIRACH

Ein starkes Ich, das nicht dauernd urteilen muss. Sokrates erkennt damals schon das Grundproblem der Demokratie: Was tun, wenn die Demokraten »falsch« abstimmen? Stellen Sie sich vor, am Tag nach dem Sexualmord an einem Kind würde über die Wiedereinführung der Todesstrafe abgestimmt – Sie können sicher sein, dass mehr als 80 Prozent der Menschen dafür wären. Oder denken Sie an unsere eigene Geschichte – was tun, wenn die Demokraten einen Tyrannen wählen? Wann also soll eine Sachentscheidung über eine Mehrheitsentscheidung gestellt werden? Wann muss sie es? Oder zählt Ethik nichts gegen den Bürgerwillen? Und, falls doch, wer soll bestimmen, was diese Ethik ist? In der »absoluten Demokratie« Athens wollen sich die Menschen selbst regieren, jeder soll den Staat führen dürfen, sogar die Beamten werden durch das Los bestimmt. Sokrates hält das für falsch. Auch ein Trottel könne so Beamter werden. Bei dem »guten Hirten« denkt er wohl an Perikles. Mir ist das zu unsicher. Auch ein Tyrann wird sich zunächst als Perikles ausgeben. Karl Popper sagt deshalb 2500 Jahre später, es darf keine Rolle spielen, wer gewählt wird. Demokratie sei eben nicht die Regierung der Besten, sondern die Möglichkeit, sie friedlich wieder abzuwählen. Der amerikanische Präsident vergleicht seinen Auslandsgeheimdienst mit den Nazis, er bedroht Richter, er entlässt und beschimpft den wichtigsten Ermittler seiner Polizeibehörde. Das muss man nicht mehr kommentieren. Aber die Demokratie, wenn sie stabil ist, kann sich selbst heilen.

KLUGE

Popper ist auch Mathematiker. Auf der Ebene der Wahrscheinlichkeiten kann man sagen, dass der Tyrann sterben wird an Darmkrebs oder dem Alter. Aber die Bevölkerung kann so nicht sterben. Sie wird nicht mal auswandern.

SCHIRACH

Wenn Demokratie die friedliche Ablösung einer Regierung ist, dann ist es nicht mehr so bedeutend, wer regiert. Seine Zeit ist begrenzt, seine Macht wird durch die Institutionen beschränkt. Er kann Schaden anrichten, aber der ist nicht endgültig. Die Institutionen sind die Wächter der Demokratie.

KLUGE

Vielleicht ist der Idiot die Schutzimpfung gegen schlimmere Politiker.

SCHIRACH

Stellen wir uns vor, ein Kanzler in Deutschland oder ein Präsident in den USA legt dem Parlament Gesetzesentwürfe vor. Nehmen wir weiter an, seine Entwürfe verstießen gegen die Menschenrechte. Die Abgeordneten, auch die seiner Partei, sind entsetzt und lehnen das ab. Er wird wütend und erlässt Dekrete. Anwälte bringen sie vor die Gerichte, dort werden sie außer Kraft gesetzt. Die Idee Montesquieus, also die Gewaltenteilung, verhindert so die Tyrannei.

KLUGE

Nun wird jemand ins Weiße Haus gewählt, von dem große Mengen besonnener Leute sagen, dass man einen Menschen mit dem Temperament eines Sechsjährigen nicht in eine solche Steuerungszentrale lassen darf. In diesem Zusammenhang gibt es den Ausdruck »Tiefer Staat«. Gemeint sind die Reserven an Verantwortungsgefühl, die in den Ämtern und Institutionen stecken, oft in den unteren Rängen. So etwas kann es unter Sokrates nicht gegeben haben.

SCHIRACH

Sokrates' Zeit war der Anfang, eine kleine Gemeinschaft, kaum mehr als 40000 Menschen. Heute gibt es rasend schnelle Äußerungen über Facebook, WhatsApp und Instagram, auf den Nachrichtenportalen der Zeitungen kann jeder alles kommentieren, Meinungsumfragen werden in kürzester Zeit erstellt. Die Politiker beginnen, danach und damit zu arbeiten, der amerikanische Präsident regiert fast schon via Twitter, 60 Millionen Menschen lesen seine Nachrichten in den sozialen Netzwerken. Das Internet hat das Gefüge der Demokratien verändert. Aber die Bürger sind nicht mehr nur Empfänger von Nachrichten, sie sind sehr mächtige Sender. Das ist etwas völlig Neues. Überall in den westlichen Staaten fordern die Menschen jetzt, zu wichtigen politischen Fragen gehört zu werden. Volksentscheide sollen in großem Umfang möglich werden.

KLUGE
Das ist systemisch. Das wird auch gewollt, ohne dass wir es persönlich wollen.

SCHIRACH
Eine Grundübereinkunft unserer Gesellschaft ist heute, dass wir keine Extreme mehr wollen, weder Reichtum noch Armut. Wir wollen die Mitte, andere Gesellschaftsformen empören uns. Aristoteles sagt: »Das rechte Maß liegt in der Mitte zwischen dem Zuviel und Zuwenig.« Und das gilt auch für Staaten. Niemand in Europa muss mehr frieren, hungern oder um sein Leben fürchten. In Deutschland garantiert der Staat eine Versorgung in Höhe von 409 Euro. Auf der anderen Seite werden jetzt bald wohl die ausufernden Managergehälter gesetzlich geregelt, Boni in Höhe von 80 Millionen

Euro soll es dann nicht mehr geben. Wir kappen die Spitzen oben und unten, alle Extreme sollen verschwinden. Das ist natürlich vernünftig und fair. Wir alle, der Obdachlose und der Milliardär, haben schließlich nur dieses eine Leben. Nur ein Dummkopf würde heute noch Gordon Gekko aus dem Film »Wall Street« zustimmen, wonach Gier richtig ist und funktioniert, und selbst die Eliten wollen auf keinen Fall mehr so bezeichnet werden. Einkommen, Wohnung oder Auto sagen heute kaum mehr etwas über den sozialen Status aus. Andere Dinge sind jungen Menschen wichtiger, kein Fleisch zu essen, die Umwelt zu schützen, die Aufmerksamkeit in sozialen Netzwerken. Trotz des Terrors leben wir in Europa heute in der freiesten und der friedlichsten Gesellschaft, die es jemals gab.

KLUGE

Es gibt eine Notwendigkeit der Phantasietätigkeit. Wenn die Welt in die Funktionale rutscht, geht mein Sinn in die Imaginäre. Das ist eine natürliche Zweiteilung, die im Menschengeschlecht angelegt ist.

SCHIRACH

Ja, das ist die Gegenseite. Lenins Frau schreibt über die behagliche Schweizer Hauptstadt Bern, sie seien dort in einem »kleinbürgerlichen demokratischen Käfig gefangen«. Die Existentialisten im verrauchten Café Les Deux Magots sind aufregender. Das Extrem wirkt anziehend. Gerade brütet in Paris ein Künstler ein Dutzend Hühnereier aus. Er sitzt 26 Tage auf einem Brutstuhl in einem Plexiglaskasten. Selbst der Staatspräsident hat ihn besucht. Vielen beginnt die Intensität zu fehlen, das wahre Leben, wie sie sagen. Sie wollen sich »selbst wieder fühlen«, laufen Marathon, springen an Gummiseilen befestigt von Brücken oder klettern im Hochgebirge herum. In Berlin gibt es Clubs, in denen alle nackt tanzen müssen, Menschen verabreden sich im Internet, um in weichen Tierkostümen Sex zu haben. Der Rausch wird gefeiert, weil das Leben zu eng ist. Früher tätowierten sich Matrosen und Strafgefangene, heute ist das in jeder Bevölkerungsschicht beliebt, Männer und Frauen stechen sich Nadeln in ihre Geschlechtsorgane, weil ihr Körper das Einzige ist, woran sie sich noch ausleben können. Oder denken Sie an den Sportwagenhersteller Porsche. Früher waren diese Autos laut, wild und schwer zu fahren. Dann wurden sie größer, die Sitze bequemer, das Fahrwerk mit elektronischen Helfern ausgestattet. Porsche stellt heute Viersitzer für Familien her und Wagen mit Elektroantrieb. Sie sind technisch viel besser, aber jeder Enthusiast wird sagen, den neuen Wagen fehle etwas Wesentliches: »das Echte«.

KLUGE

Niemand hält es bloß im Realismus aus.

SCHIRACH

Ich war gestern im Hotel »Vier Jahreszeiten« in München. Dort gibt es noch einen fensterlosen Raucherraum neben dem Empfang. Der Kellner erklärte mir, er dürfe im Raucherraum keinen Kaffee servieren, so seien die Vorschriften. Er müsse, ob er das wolle oder nicht, den Kaffee auf einen Tisch vor den Raucherraum stellen, dann müsse der Gast herauskommen und den Kaffee selbst mit hineinnehmen. Er dürfe dem Gast leider auch nicht Bescheid sagen, wann der Kaffee draußen stünde, denn dafür müsste er ja den Raucherraum betreten, was ihm aus gesundheitlichen Gründen von der bayerischen Gesetzgebung streng untersagt sei. Der Gast müsse also immer mal wieder nachsehen, ob der Kaffee schon da ist.

KLUGE

Wie früher bei der Pestkrankheit.

SCHIRACH

Ich wollte natürlich nicht, dass der Kellner an Lungenkrebs beim Servieren des Kaffees stirbt, bat ihn aber, ein paar Kekse zu dem Kaffee auf das Tablett vor den Raucherraum zu legen. Sie haben sehr gute Kekse im »Vier Jahreszeiten«. Der Kellner erklärte, der Gast dürfe im Raucherraum auf gar keinen Fall essen, weder Kekse noch andere Speisen. Er sah traurig aus, als er das sagte.

KLUGE

Das klingt so wie bei der EU, wenn Richtlinien die Größe von Kartoffeln und deren Rundung festlegen.

SCHIRACH

Das Problem ist, dass wir Gesetze und Vorschriften oft nicht mehr verstehen. Ich kann mir nicht vorstellen, wie ich die Gesundheit des freundlichen Kellners durch den Verzehr von Keksen im Raucherraum gefährde.

KLUGE

Der Bürgermeister von New York sagt, dass eine unruhige Gesellschaft, die zum Ausbruch neigt, dieses gesetzestreue Verhalten nur durch extreme Maßnahmen lernt, durch eine Kasuistik, die gerade am Sockel der Untaten, zum Beispiel bei falschem Parken, ansetzt. Rigidität hier wird sich, meint dieser Bürgermeister, in einer Zunahme von Normalität und Gesetzestreue auswirken.

SCHIRACH

In New York funktionierte es, aber der Preis war hoch. Auch Drakon in Athen versuchte das schon.

KLUGE

Da kommt der Ausdruck »drakonische Strafe« her.

SCHIRACH

In Athen war die Rechtsprechung willkürlich. Die Richter waren bestechlich, die Armen litten. Das führte zu Unruhen. Drakon erließ neue Gesetze, sie wurden auf dem Marktplatz in Athen aufgestellt. Die angedrohten Strafen waren so furchtbar, dass sie das Gegenteil bewirkten. Es kam zu Aufständen. Drakons Idee war richtig, aber *gut gemeint* führte in der Geschichte ja oft zum Schlimmsten.

Solon hob die drakonischen Gesetze wieder auf, er war milder und weiser.

KLUGE

Aber ein Pragmatiker könnte Ihnen antworten: ein bisschen Solon, ein bisschen Drakon.

SCHIRACH

Natürlich, die Mitte ist richtig. Aber auch sie kann übertrieben werden. Jede politische Entscheidung ist heute ungeheuer kompliziert. Es ist fast unmöglich, einen Flughafen, einen Bahnhof oder auch nur ein öffentliches Schwimmbad zu bauen. Und die Folge? Sie haben schon den »Deep State« angesprochen. Der Amerikaner Mike Lofgren, ein Republikaner, hat eben ein Buch mit diesem Titel veröffentlicht. Er behauptet, es gebe in Amerika eine Macht im Schatten, Barack Obama führe im Geheimen weiter das Land. Umgekehrt behaupten manche Demokraten, Trump werde von Moskau sogar gesteuert. Es ist immer das Gleiche: Wir sehnen uns nach einfachen Wahrheiten, nach jemandem, der das alles ordnet, einem, der endlich mal »durchregiert«. Das ist der Nährboden für Verschwörungstheorien und für radikale politische Kräfte.

KLUGE

Auf der Rückseite des Mondes leben Nationalsozialisten, die dorthin geflohen sind und sich weiterentwickelt haben.

SCHIRACH

Eine der verrücktesten Verschwörungstheorien ist die »RFS«, die »Reichsflugscheibe«. Die Nazis, so diese Theorie, entwickelten 1944 eine neue Wunderwaffe, ein Raumschiff in Form einer Scheibe, die mit einem »Gegen-Schwerkraft-Antrieb« flog. Natürlich nannten sie es nicht Antigravitation. Die »Reichsflugscheibe« stand kurz vor der Fertigstellung. Dann brach alles zusammen, und die Amerikaner stahlen aus der Reichskanzlei die Pläne der »RFS«. In Los Alamos wurde diese Waffe – von deutschen Forschern – weiterentwickelt. Wenn Sie auf einen Anhänger dieser merkwürdigen Theorie treffen und ihm sagen, das sei nun wirklich ausgemachter Blödsinn, antwortet er: »Haben Sie sich schon einmal überlegt, warum in den fünfziger und sechziger Jahren überall in Amerika Ufos gesichtet wurden? Das waren natürlich nicht die Außerirdischen, so etwas sind Verschwörungstheorien. In Wirklichkeit waren das die Reichsflugscheiben…«

KLUGE

Wann kann man, unter Schriftstellern gesprochen, objektiv sagen: Dies kann es nicht geben?

SCHIRACH

Bertrand Russell war einer der wenigen Leute, die nachvollziehbar die Relativitätstheorie erklären konnten. Eine dieser Vorlesungen, die sehr populär waren, hielt er in London. Aus dem Publikum meldete sich eine ältere Dame. Sie sagte: »Alles, was Sie behaupten, Lord Russell, ist vollkommen falsch.« Russell: »Warum?« Die Dame: »Die Erde ist selbstverständlich eine Scheibe, die auf dem Rücken einer riesigen Schildkröte liegt.« Russell dachte einen Moment nach und gab die beste Antwort, die ihm einfiel: »Worauf, gnädige Frau, steht denn diese Schildkröte?« Großes Gelächter im Publikum. Daraufhin die feine Dame: »Das müssten Sie eigentlich wissen. Die Schildkröte steht auf tausenden anderen Schildkröten.«

KLUGE

Nach den Regeln des skeptischen Denkers Karl Popper müsste man sagen: Es ist nicht völlig ausgeschlossen, dass es solche spirituellen Schildkröten gibt, nur weil ihre Existenz im Labor nicht zu reproduzieren ist.

SCHIRACH
Wir können nichts endgültig beweisen.

KLUGE
Wir stehen in diesem Sinn nicht auf der Erde, sondern hängen an ihr und blicken in den Abgrund der Sterne. Dass die Erde rund ist, würde ich glauben. Mit einem GPS-Gerät können Sie das feststellen. Das wäre einem Naturwissenschaftler schon Beweis genug.

SCHIRACH
Die alte Dame würde vermutlich sagen: »Aber Herr Kluge, das ist doch nur ein Foto.«

KLUGE
Darin würde ich der alten Dame gerne recht geben, wenigstens im Interesse einer phantasiemäßigen Prüfung. Beim Begriff Antäos hat mich das verblüfft. Im »Kapital« von Karl Marx habe ich hinten bei den Stichwörtern nachgesehen. Man findet dort unter A das Stichwort Antäos. Das ist ein antiker Riese, der von niemandem besiegt oder hochgehoben werden kann. Das gilt, solange er mit dem Boden verbunden ist. Gelingt es durch List, ihn zu bewegen, die Bodenhaftung aufzugeben, wird er leicht wie eine Feder und widerstands-

los. Dies ist ein Grundmythos, der näher bei Ihrer alten Dame ist als bei der Elite der Naturwissenschaften. Ein Gedichtband von dem von mir verehrten Dichter Ben Lerner hat einen Text: »Die scholastische Engelskunde kennt neun Ordnungen von Schnee.« Ich wusste nicht, dass Engel, also Flammenwesen, aus Schnee bestehen können. Das löst meine Phantasie aus.

SCHIRACH

Das wusste ich auch nicht. Der Mensch muss Ordnung schaffen, im Himmel und auch in der Hölle. Dante teilte die Hölle in die Vorhalle und neun Kreise ein. In der »Göttlichen Komödie« ist der innerste, der furchtbarste Kreis der Hölle auch nicht heiß, dort brennt kein Feuer, sondern es herrscht das ewige Eis. In der Mitte sitzt Luzifer, er hat drei Mäuler und zermalmt damit auf ewig Judas, Brutus und Cassius. Eigentlich ist die »Göttliche Komödie« ein großer Hollywoodfilm.

KLUGE

Zurück zu Sokrates. Er wird nach dem Urteil ins Gefängnis gebracht.

SCHIRACH

Seine Freunde besuchen ihn dort jeden Tag. Er schläft morgens lange aus, sie müssen warten, bis er aufsteht. Die Freunde sind aufgeregt, er gelassen. Sie raten ihm zur Flucht, er lehnt ab. Zum einen sei er zu alt für ein neues Leben im Ausland und es sei auch gar nicht so schlecht zu sterben, bevor die Krankheiten des Alters nach ihm griffen. Zum anderen mache eine Flucht alles, was er gesagt habe, ganz lächerlich. Und zum Dritten würde er damit den Staat gefährden. Ein Staat könne nicht überleben, wenn seine Urteile keinen Bestand haben. Obwohl er das Urteil für falsch hielt, beschützte er bis zum Schluss seine geliebte Stadt. Er sagte, es sei besser, Unrecht zu erdulden, als Unrecht zu tun. Das klingt wie ein Kalenderspruch, aber tatsächlich ist es – etwas pathetisch gesagt – *weise*. Unrecht zu tun, beschädigt nämlich unser Inneres, wir verletzen uns damit immer selbst. Unrecht zu erdulden, trifft uns aber nur äußerlich. Wir bleiben heil, unverwundet, wir leben – und existieren nicht nur.

KLUGE

Dies ist einer der wenigen Sätze, in denen Martin Luther und Sokrates übereinstimmen. Der Reformator hat Sokrates im Übrigen für einen Sophisten gehalten, dem nicht zu trauen ist. Man geht mit dem Denken nicht spielerisch um. Ein Glaubender kann nicht sagen: *Ich weiß, dass ich nichts weiß*. Schon deshalb, weil es nicht auf Wissen und Werke, sondern auf den Glauben ankommt. Luther empfand Sokrates als glaubensschwach. Es ist aber besser, so Luther, dass die Türken unser Land überrennen, wenn Gott das beschließt, als selber in barbarischer Schlacht auszuziehen und die Türken zu metzeln. Auch wenn der Satan die Reiche des Papstes und des Kaisers zu Ungunsten der Protestanten ausdehnt, soll man nicht in Blut und Metzelei die Gegenantwort suchen. Notfalls soll man erdulden und abwarten. Ich bin umringt von Feinden. Satan sitzt mir in den Därmen, und er thront in Rom. In mancher Nacht denke ich: Die Lage ist aussichtslos. Wenn das Jüngste Gericht nicht bald, also noch vor 1584 eintritt, wird es uns Protestanten schlecht ergehen. Und in einem solchem Fall geht Luther – ganz wie Sokrates – davon aus, dass nur die Haltung hilft. Was werde ich tun, wenn mir jeder Weg verschlossen scheint? Ist die Lage verhext, interessiert mich keine Realität, sondern nur der Ausweg.

Am Tag der Hinrichtung kommen Sokrates' Freunde wieder ins Gefängnis. Xanthippe steht neben ihrem Mann. Nach Art der Frauen wehklagte sie sehr, heißt es im Text. Sokrates wird das zu viel, immerhin ist es sein letzter Tag. Er lässt sie nach Hause bringen. Xanthippe, so heißt es dann, »heulte und gebärdete sich übel«. Am Nachmittag ruft Sokrates seinen Henker. Der Philosoph trinkt das Schierlingsgift, geht auf und ab, bis er müde wird, und legt sich hin. Der Henker untersuchte seine Füße, dann seine Schenkel, Sokrates fühlt nichts mehr, sie sind schon taub. Wenn es ihm bis ans Herz komme, sagt der Henker, werde er tot sein. Dann spricht Sokrates über den Tod. Mich berührt diese Stelle. Eigentlich hat er schon alles darüber gesagt, was wir sagen können. Die vergangenen 2500 Jahre haben nichts Neues dazu gebracht. Sokrates verachtet den Tod nicht, und er hat keine Angst vor ihm. Das brauchen wir nicht, sagt er. Das Totsein ist entweder ein Nichts, oder wir treffen dort alle Gestorbenen, also auch Orpheus, Musaios, Hesiod und Homer – und das, so Sokrates, wäre das Größte. Das ist ein schöner Gedanke. Das Totsein mag nicht schrecklich, aber das Sterben kann es sein. Eine Vergiftung mit Schierling ist hässlich. Das Nervengift Coniin lässt von den Füßen die Lähmung aufsteigen, sie erreicht das Rückenmark, der Vergiftete erstickt bei vollem Bewusstsein. Manchmal gibt es solche Fälle noch heute. Vor einigen Jahren vergiftete eine Frau ihren Ehemann, den Schierling hatte sie im Beet vor ihrem Haus angebaut, sie mixte ihn in die Zahncreme und sagte ihrem Mann, das sei ein rein biologisches Produkt. Der Todeskampf dauerte fast 40 Minuten, rasend vor Todesangst biss der Vergiftete sich zwei Zähne am Waschbeckenrand aus.

KLUGE

Bei Sokrates war es ein sanftes Sterben.

SCHIRACH

Der Henker hatte dem Trank Mohn beigemischt. Der Philosoph bittet seinen Freund, später einen Hahn dem Gott der Gesundheit zu opfern – der Tod ist die Heilung vom Leben. Dann stirbt er. Der Freund schließt ihm Augen und Mund.

KLUGE

Seine Aussprüche sammelte Sokrates nicht. Er schrieb nichts nieder. Auf die einzelnen Ansichten und das Wissen, das einer hat, meinte er, kommt es nicht an. Wesentlich ist die Haltung. Gelassenheit, Ataraxie (unerschütterliche Ruhe), Balance, Mündlichkeit.

SCHIRACH

Es geht immer um die Haltung. Für Kant ist Sokrates das Vorbild des kategorischen Imperativs, für Hegel kam mit ihm der Weltgeist zu einem höheren Bewusstsein, für Kierkegaard ist er das »Vorbild eines Ironikers«, für Nietzsche »der Zerstörer des Instinkthaften«, Karl Popper hält ihn für den »größten Apostel einer individualistischen Ethik«. Die Aufzählung lässt sich fortsetzen. Ich glaube, dass die großen Philosophen alle recht haben. Und sie haben alle unrecht. Sokrates hat kein geschlossenes philosophisches System hinterlassen, keine Welterklärung. Dadurch wurde er zur Folie, wer will, kann sich in ihm spiegeln. Das ist das Geheimnis. Das Bedeutende an ihm ist eben nicht seine Philosophie, es ist seine Methode. Er stellt uns Fragen, auf die die Antwort lautet: Wir können nichts Letztgültiges sagen. Natürlich wollen wir eine Erklärung für das alles hier, das ist in uns angelegt, wir können nicht anders. Gerade beginnen wir zu verstehen, wie das Leben biologisch entstanden ist, wir stehen kurz davor, den Ursprung des Universums zu begreifen. Aber die eigentliche Frage, das *Warum*, werden wir nicht beantworten. Ich glaube, der Grund dafür ist einfach. Wir können unser Leben ja immer nur mit unserem Verstand begreifen, immer nur mit unseren Begriffen beschreiben, etwas anderes haben wir nicht. Aber der Natur, dem Leben, dem All bedeuten diese Begriffe nichts. Die Gravitationswellen sind weder gut noch böse, die Photosynthese hat kein Gewissen und wir können auch nicht für oder gegen die Schwerkraft sein. Das alles ist einfach nur da.

KLUGE

Fast schon hundert Jahre lang bewegen sich das Örtliche und das Zeitliche, das Handliche und die Wünsche Stück für Stück aus der Dimension der Fasslichkeit in die Funktionale. In den Betrieben und in der Privatexistenz in so vielen immer gleichen Vororten. So beschreibt es Bert Brecht. Neuerdings aber zeigt die Funktionale deutliche Risse. Das Imperium des Faktischen, die Algorithmen, das Denken in Modellen (bereits wirksamer als jede Planwirtschaft) *übertreiben*. Daraufhin wandern die Sinne und danach das Lebensgefühl und gleich darauf die übrige Realität aus der brüchigen Funktionalen in die *Imaginäre*. Die war immer schon da, eingesperrt in die Theater, die Künste, die Filme, die Comics, die Romane. Aus diesen ist sie ausgebrochen und hat jetzt ihren Präsidenten hervorgebracht: ein Prachtexemplar, ein Vollkind der Imaginären. Immerhin hat dieser eigenartige Sprecher der Entmündigten, ein Ritter-der-Weißen-Noch-Mehrheit-die-es-bald-nicht-mehr-sein-wird, das Thema Arbeit und das Wort Arbeiter auf die Tagesordnung gewuchtet. Für die Imaginäre Welt ist es gleich, ob so etwas durch den Falschen, durch Bosheit oder einfachen Irrtum, durch Träumerei, Verwechslung oder im Wahn geschieht. Die IMAGINÄRE ist keine »post-faktische« Dimension. Sondern diejenige, in der sich vergessene, misshandelte Tatsachen mit Gewalt durchsetzen.

SCHIRACH

»Es gibt keinen festen Punkt außerhalb des Lebens, von dem aus über das Dasein reflektiert werden könnte«, sagt Nietzsche. Trifft das zu? Hat das Leben tatsächlich keinen Richter über sich? Und wenn doch? Ist es nicht möglich, dass wir uns irren? Das eben ist auch Freiheit: Wir wissen es nicht. Wenn wir unser Nichtwissen ernst nehmen, verändert sich alles. Jede Ideologie behauptet, die Wahrheit zu kennen. Das ist ihr Wesen. Fanatische Religionsführer erklären heute – wie schon vor 5000 Jahren –, sie wüssten um den einzig wahren Gott, nur ihm dürften wir folgen. Mit dieser

»Wahrheit« unterdrücken sie, terrorisieren, foltern und morden. Die Anschläge in New York, Paris und Brüssel sind ohne die Behauptung absoluter Wahrheit gar nicht vorstellbar. Der hinreißend arrogante Sokrates lehrt uns dagegen nur eines: Bescheidenheit. Das ist seine ganze Geschichte. Aber das ist kein kalter Nihilismus, kein zynisches Weltbild, keine Abkehr und kein Aufgeben. Es ist das Gegenteil. Weil wir nichts wissen, werden wir immer wieder auf uns selbst zurückgeworfen. Und deshalb kann nur der Mensch das Maß sein, die Gesetze, die er sich selbst gibt und nach denen er handelt – nicht die Natur, keine Ideologie, keine Religion, kein Gott. Die Humanität, die Menschlichkeit ist – zumindest vorerst – unser letzter Kritiker und Richter. An ihr – und nur an ihr – ist zu prüfen, was wir tun. Wir müssen uns damit abfinden, dass es genauso töricht ist zu sagen, das Leben habe einen Sinn, wie das Gegenteil. Mir ist das wieder klar geworden, als ich vor ein paar Tagen eine Aufführung von »Hamlet« gesehen habe. Die Antwort auf seine Frage »Sein oder Nichtsein?« lautet: »sein oder nicht sein!« Hamlet will sterben, aber seine Angst vor dem Tod ist zu groß. Er ist der moderne Mensch, für ihn gibt es keine Lösung, jede Entscheidung trifft er aus Furcht und Verzweiflung. Vielleicht sind die Dinge für uns zu kompliziert, ohne Götter können wir sie nicht lösen. Und es stimmt ja: Unser Leben lässt sich nur vom Tod aus verstehen. Aber das Eigentliche, lieber Herr Kluge, das Eigentliche ist das Trotzdem. Trotz irdischer Verstrickung, trotz Sterblichkeit, trotz aller Bösartigkeit – wir können lieben. Ich meine nicht den Freund oder die Geliebte oder unsere Kinder, sondern den Nebenmenschen. Und nur darum geht es.

VOLTAIRE
oder die Freiheit durch Toleranz

KLUGE

In einer Schrift Voltaires »Über die Toleranz« heißt es: »Die Ermordung des Calas, die in Toulouse mit dem Schwerte der Gerechtigkeit den 9. März 1762 begangen ist, ist eine der seltsamsten Begebenheiten, die die Aufmerksamkeit unseres Zeitalters und der Nachwelt verdienen.« Er fängt feierlich an.

SCHIRACH

Am 13. Oktober 1761 sitzt Jean Calas mit seiner Familie und einem Gast beisammen. Es ist ein netter Abend, man isst gut, unterhält sich über die Geschäfte und die Familie. Jean Calas ist ein erfolgreicher Kaufmann in Toulouse. Der älteste Sohn der Familie, damals 28 Jahre alt, verlässt die Gesellschaft gegen halb neun. Niemandem fällt etwas Ungewöhnliches auf – er habe sich völlig normal verhalten, werden später alle bezeugen. Vor zwei Jahren hat er sein Jurastudium beendet, Anwalt durfte er jedoch nicht werden.

KLUGE

Ein problematisches Kind?

SCHIRACH

Wohl durch diese Umstände. Er sei der Sohn eines dogmatischen Hugenotten, hieß es – ein Umstand, der den Behörden damals ausreichte, einem jungen Mann die Anwaltszulassung zu verweigern. Irgendwann hebt Jean Calas die Abendtafel auf und bringt den Gast nach unten. Man will sich verabschieden. Das Kontor des Kaufmanns liegt im Erdgeschoss seines Hauses, die Tür dorthin steht offen. Im Türrahmen hängt der Sohn tot an einem Strick. Der Vater schneidet ihn los und legt den Leichnam auf den Boden.

KLUGE

Zum Schock, dass sein Sohn tot ist, kommt jetzt: Ein Selbstmörder kann nicht in geweihter Erde begraben werden.

SCHIRACH

Die Ermittlungen beginnen noch in der Nacht. Jean Calas und seine Familie sind zwar katholisch getauft, aber sie praktizieren den protestantischen Glauben. Das spielt in Toulouse eine wichtige Rolle. Die Stadt ist die Hochburg des französischen Antiprotestantismus, Menschen wie Calas gehören zur Minderheit. Die Strafverfolgungsbehörden vernehmen die Familie und den Gast des

Abendessens – es gibt kleinere Widersprüche, aber nichts Greifbares. Jean Calas gibt zu Protokoll, er sei sich sicher, dass sein Sohn ermordet wurde. Die Behörden kommen nicht weiter.

KLUGE

Es ist eine Hetze in der Stadt gegen die Protestanten. Man wartet ungeduldig auf ein Fest, das an das vorige Jahrhundert erinnert, in dem viertausend Hugenotten umgebracht wurden.

SCHIRACH

Vier Tage nach dem Tod des jungen Mannes wird angeordnet, dass die gläubigen Katholiken den Priestern der Stadt Auskunft zu dem Verbrechen geben – jede Verweigerung solle mit Exkommunikation bestraft werden. Das Ergebnis der Befragung ist erstaunlich: Der Sohn habe sich zum katholischen Glauben bekennen wollen und der Vater mehrfach gedroht, ihn dafür umzubringen. Es finden sich jetzt sogar Zeugen, die aussagen, der Sohn habe in der Nacht um Hilfe gerufen. Sofort als dieses Ergebnis bekannt wird, bemächtigt sich die Kirche des Leichnams. Der junge Mann wird öffentlich aufgebahrt und zum Märtyrer des katholischen Glaubens erklärt. Das bringt die Stimmung in der Stadt vollends auf. Man ist sich einig:

Jean Calas ist ein Mörder, er muss bestraft werden, schnell und so hart wie irgend möglich: Kann man sich etwas Furchtbareres, etwas Böseres vorstellen als einen Vater, der seinen eigenen Sohn umbringt, nur weil er sich zum rechten Glauben bekennen will? Unter der katholischen Bevölkerung zweifelt niemand mehr an der Schuld des Kaufmanns.

KLUGE

Der tot aufgefundene Sohn war nicht katholisch. Es wird nur gesagt, er habe die Absicht gehabt zu konvertieren.

SCHIRACH

Der Kirche reicht das aus. Am 9. März 1762 wird Jean Calas zum Tod auf dem Rad, seine Frau, sein Sohn und der Gast zum Tod am Galgen und die Haushälterin zu lebenslanger Freiheitsstrafe verurteilt. An Calas wird schon einen Tag später das Urteil vollstreckt. Nur mit einem Hemd bekleidet, barfuß und mit einem Strick um den Hals, wird er wie ein Stück Vieh durch die Straßen der Stadt gezogen. Dann wird er auf ein Rad geflochten und gefoltert. Seine Arme, seine Beine und sein Rückgrat werden gebrochen. Es wird erwartet, dass er doch noch den Mord gesteht. Aber er gesteht nicht. Im Gegenteil, immer wieder schreit er während der Folter, er sei unschuldig, er habe seinen Sohn nicht getötet.

KLUGE

Sie wollen für das Inquisitionsverfahren eine Aussage erpressen.

SCHIRACH

Das ist damals immer der Grund für die Folter: Verurteilung aufgrund eines Geständnisses. Der Richter fühlt sich so wohler.

KLUGE

Calas zeigt eine ungewöhnliche Haltung. Er sagt: Ich finde mich mit meinem Schicksal ab, aber schuldig bin ich nicht.

SCHIRACH

Die Qualen sind ungeheuer, er schreit vor Schmerzen. Der Folterknecht gibt sich Mühe. Nach zwei Stunden ist es zu Ende, endlich wird er erhängt, seine Leiche wird auf dem Scheiterhaufen verbrannt. Aber immerhin: Die Richter sind von Calas' Haltung nun beeindruckt, sein fehlendes Geständnis rettet den anderen das Leben. Ihre Strafen werden erlassen, nur gegen den Sohn wird lebenslange Verbannung ausgesprochen. Der Fall Calas hätte an dieser Stelle zu Ende sein können. Aber dann geschieht etwas völlig Unerwartetes, etwas, was Stefan Zweig eine »Sternstunde der Menschheit« genannt hätte. Ein einzelner Mann erhebt sich und verändert die Geschichte. Seine Waffen sind nur sein brillantes Gehirn, seine unglaubliche Arbeitskraft, seine Abscheu vor der Ungerechtigkeit und sein Glaube an das Recht. Er hält die »Toleranz für das Heiligste der Menschenrechte«. Es ist Voltaire. Er ist – lange vor der Erfindung dieses Begriffs – der führende Intellektuelle Frankreichs. Das ganze gebildete Europa liest seine Bücher, er wurde verbannt, saß im Gefängnis, war Gast von Königen und Kaisern und legte sich mit der Kirche an. Er ist elegant, skeptisch, sarkastisch und vor allem stur. Das Sture, das Unbeugsambleiben gegen alle Widerstände, das ist ja oft ein Schlüssel. In der Rechtswissenschaft ist die so genannte herrschende Meinung zwar das Maß der Dinge – in der Kunst, der Literatur, der Philosophie und in gewisser Weise auch in der Strafverteidigung ist sie es nicht. Im Gegenteil. Noch nie ist ein Kunstwerk demokratisch entstanden, noch nie beruhte ein bedeutendes Buch auf Kompromissen. Kein anderer Intellektueller hilft Voltaire. Als er von Jean Calas erfährt, ist er fast siebzig Jahre alt. Zunächst bleibt er vorsichtig, handelt verdeckt, schreibt höfliche Briefe an Persönlichkeiten des öffentlichen Lebens, bittet um ihre Stellungnahmen. Er erforscht den Sachverhalt. Anfangs scheint es ihm auch gar nicht um die Frage zu gehen, ob Calas schuldig oder unschuldig war. Ihn interessieren die Vorgänge in Toulouse, weil das Verfahren ganz gegen die menschliche Natur sei. Im April ist er dann überzeugt davon, Calas sei zu Unrecht verurteilt worden. Er trifft den geflohenen Sohn, der ihm die Wahrheit über diesen Abend erzählt: Sein Vater habe natürlich sofort erkannt, dass sein ältester Sohn Selbstmord begangen habe. Aber damals wurden Selbstmörder nach ihrem Tod nackt an ihren Fersen mit dem Gesicht zu Boden durch die Straße geschleift, dann als Verbrecher aufgehängt und mit Steinen beworfen. Diese Entehrung wollte Jean Calas seinem Sohn ersparen und nur deshalb habe er die Geschichte mit dem Mord erfunden.

KLUGE

Voltaire tritt als Anwalt wie ein juristischer Unternehmer auf: Als zum Beispiel die Behörden sagen, die Prozessprotokolle können wir nicht aushändigen, wir können nur Kopien machen und das kostet 7500 Livre, zahlt er das aus der eigenen Tasche.

SCHIRACH

Voltaire ist längst wohlhabend durch seine Bücher. Aber er ist auch dauernd in Betrügereien verwickelt, er spekuliert illegal. Das ist auch ein Grund, warum er aus Preußen fliehen musste.

KLUGE

Jeder Hof beschenkt ihn, weil seine spitze Zunge bekannt ist. Man beschenkt ihn, um seine Kritik etwas zu dämpfen.

SCHIRACH

Als er die Wahrheit über den Fall Calas erfährt, ist er entsetzt. Er beginnt nun ganz andere Briefe zu schreiben, wütende, anklagende Briefe. Die Antworten, zum Beispiel von Kardinal de Bernis, sind jedoch verhalten. Man habe weder die Informationen noch die Mittel, etwas zu unternehmen, heißt es. Voltaire macht trotzdem weiter. Er schreibt unermüdlich, an das Gericht, an Mitglieder des Hofes, an Honoratioren in Paris, an Herzöge und Grafen und sogar an Madame de Pompadour, die Geliebte des Königs – immerhin verspricht sie, mit dem Herrscher zu sprechen. Voltaire weitet seine Korrespondenz über die Grenzen Frankreichs aus, er weiß, dass seine Briefe von den Empfängern herumgereicht und in immer größeren Kreisen vorgelesen werden. Dauernd wird er abgewiesen – es scheint ihn nur noch mehr anzuspornen. Nur manchmal macht er sich über sich selbst lustig: »Man kann hundert Unschuldige rädern«, sagt er, »Paris denkt nur an ein neues Theaterstück und ein Souper.« Am Ende hat er über 470 Briefe in der Sache Calas geschrieben.

KLUGE

Die Adressaten schreiben wiederum Briefe, und so entsteht eine Öffentlichkeit.

SCHIRACH

Der Erfolg bleibt jedoch aus. Voltaire begreift endlich, dass er seine Strategie ändern muss, wenn er weiterkommen will. Er muss sich direkt an die Öffentlichkeit wenden. Dann hat er eine Idee: Er schreibt einen Bericht über einen englischen Kriminalprozess, in dem ein Gelehrter Widersprüche aufdeckt. Er tut jetzt das, was ein Schriftsteller immer tun sollte: Er erzählt eine Geschichte. Er weiß, dass die Menschen lieber Geschichten lesen als trockene Abhandlungen und Bittbriefe. In seinem englischen Kriminalfall tritt eine erotisch attraktive Frau auf, die dann auf mysteriöse Weise verschwindet. Der Bericht beruht auf Tatsachen, ist aber viel interessanter als die Wirklichkeit. Und es funktioniert –

sex sells, schon damals. Ganz nebenbei bringt Voltaire in der Geschichte seine Justizkritik unter. Er setzt einen niedrigen Preis für dieses, wie er es nennt, *Memorandum* fest. Es wird ein Bestseller. Und jetzt geht er noch einen Schritt weiter, er weiß, dass die Menschen etwas Sichtbares brauchen. Ungerechtigkeit wird oft erst begreifbar, wenn man sie anfassen kann. Er lässt die Witwe von Calas nach Paris kommen und präsentiert sie der Gesellschaft. Auch das funktioniert, die Witwe wird bekannt, die Kampagne wirkt, sie wächst und wird so groß, dass unter anderem der Markgraf von Baden und der Landgraf von Hessen-Cassel sie finanzieren. Für die anderen, die die Witwe nicht direkt erleben können, lässt Voltaire einen Stich von ihr anfertigen, der Erlös des Verkaufs kommt den Hinterbliebenen von Calas zugute. Endlich wird der Druck durch die Öffentlichkeit für die Gerichte zu groß. Am 7. März 1763, ein Jahr nach Calas' Tod, tritt der Conseil d'État zusammen. Es sind 100 Richter, darunter drei Bischöfe und sämtliche Minister. Sie beschließen das Wiederaufnahmeverfahren. Es wird noch zwei Jahre dauern, bis der Kampf endgültig gewonnen ist. Auf den Tag genau drei Jahre nach seiner Verurteilung wird Jean Calas rehabilitiert. Das Gericht gestattet der Familie, die damaligen Richter zu verklagen.

KLUGE

Da das aber unpraktisch ist und eine arme Witwe gegen eine Stadtverwaltung nicht ankommt, leistet der König den nichteintreibbaren Schadensersatz aus seiner Schatulle.

SCHIRACH

In Rom mussten sich die Architekten einer Brücke unter sie stellen, wenn sie eröffnet wurde. Für Richter und Beamte gibt es eine solche Überprüfung an der Wirklichkeit nicht.

KLUGE

Es ist möglich, dass Voltaire den Erfolg auch Madame de Pompadour zu verdanken hat.

SCHIRACH

Sie ist jedenfalls eine der interessantesten Gestalten dieser Zeit, ehemals Mätresse des Königs, später seine Beraterin. Eine bürgerliche Frau, ursprünglich hieß sie Poisson, also »Fisch«. Madame de Pompadour mag Voltaire, vielleicht weil sie einander ähnlich sind. Sie hat ihn immer gefördert.

KLUGE

Sie beschrieben gerade eben, dass er in seiner Schrift »Über die Toleranz«, über Fanatismus und über den Fall Calas, anfängt mit einer englischen Geschichte, dem Fall Canning. Da ist eine junge hübsche Frau, und die ist, weil sie schwanger ist und ihren Eltern das nicht beichtet, mehr als einen Monat verschwunden. Jetzt kommt sie mit zerrissenen Kleidern und maskiert als Vergewaltigte zurück, so behauptet sie. Der Sheriff, die ganze Öffentlichkeit und die Frau selbst beschuldigen eine Frau Wells, eine Puffbesitzerin, die in Wahrheit nichts getan hat. Jetzt kommt ein Philosoph, sagt Voltaire. Voltaire lässt einen englischen Kollegen, den Philosophen Ramsay, auftreten, in London, und der behauptet: Es ist doch gegen jeden gesunden Menschenverstand, dass eine Puffbesitzerin die Ware, mit der sie handelt, hässlich macht, schändet.

SCHIRACH

Das gefällt den Lesern. Es ist frech und komisch.

KLUGE

Wenn tausend Zeugen etwas behaupten, sagt Voltaire, und der gesunde Menschenverstand spricht dagegen, gilt der gesunde Menschenverstand. Das ist neu.

SCHIRACH

Alles an diesem Fall war neu. Es war das erste Urteil in Frankreich, das aufgehoben wurde, und gleichzeitig war es der Beginn der Strafrechtsreform. Auch wenn manche Historiker dem widersprechen würden: Voltaires Eingreifen im Fall des Jean Calas kann man als den Beginn der Aufklärung begreifen. Voltaire ist kein Heiliger, kein Philosoph im Elfenbeinturm. Er genießt das Leben und liebt die Frauen. Der Preußenkönig, ein Verehrer Voltaires, lädt ihn ein. Er wird dort Kammerherr, ein bedeutender Titel mit sehr guter Bezahlung. Trotzdem beginnt er in Berlin sofort illegal mit irgendwelchen sächsischen Papieren zu handeln, er verklagt alle möglichen Leute, benimmt sich herrisch und launisch. Aber wenn es drauf ankommt, tut er das Richtige. Er nennt den König einen Tyrannen. Voltaires Geliebte, Émilie, ist mit einem adligen Offizier verheiratet. Sie trennt sich von ihm, wird von einem Herzog schwanger und stirbt im Wochenbett. Sie war sein Lebensmensch. Zusammen mit ihr hat er Newton ins Französische übersetzt, eine glückliche Zeit. Es gibt ein Bild des Malers de la Tour, es heißt »Mademoiselle Ferrand meditiert über Newton«. Tatsächlich liest sie auf dem Bild in der Newton-Übersetzung von Émilie und Voltaire. Émilies Tod scheint ihn verändert zu haben.

KLUGE

Die eine Wurzel hat intime Gründe, ich verliere eine Frau, die ich liebe, und werfe meinen Thymos, meine Liebesfähigkeit, auf die öffentlichen Dinge, auf die Freiheit. Es ist nicht bloß intim, sondern er nimmt auf, was die Handelsleute in England denken und was man in Antwerpen denkt.

SCHIRACH

Für mich liegt Voltaires Größe nicht in seiner Philosophie. Es gab klügere Denker im Frankreich seiner Zeit. Aber er übersetzte deren Gedanken, er machte sie populär. Das ist ein eigener Wert.

KLUGE

»In seinem Kopf denken andere.«

SCHIRACH

Leibniz hätte wohl nicht diese Rezeption erfahren, wenn es Voltaire nicht gegeben hätte – zumindest in Frankreich. Voltaires erfolgreichster Roman war »Candide oder der Optimismus«, heute noch leicht zu lesen. So jemanden wie Voltaire gab es schon einmal in der Geschichte: Cicero. Auch er wird heute meistens als Philosoph gesehen, aber in Wirklichkeit war er, wie Voltaire, der populärste Schriftsteller seiner Zeit. Er hat die Gedanken anderer so einfach erklärt, dass die Leser sie verstehen konnten.

KLUGE

Auch er ein öffentlicher Mann. Bei Catilina hat er noch nicht so viel riskiert, aber gegen Marc Anton hat er sein Leben eingesetzt und auch verloren.

SCHIRACH

Als junger Mann verteidigte Cicero einen angeblichen Vatermörder. Es war sein erster Prozess. Jeder warnte Cicero. Tu das nicht, sagten sie, es wird deiner Karriere schaden, für so jemanden setzt man sich nicht ein. Er übernahm trotzdem den Fall und am Ende wurde der Mann freigesprochen. Sein Einsatz für einen Fremden ähnelt Voltaires Eingreifen im Fall Calas. Und beide hinterließen auch keine philosophischen Systeme. Das hätte ihrem Leben widersprochen. Fast scheint es, dass man sich leichter von Ereignissen treiben und inspirieren lassen kann, wenn man keine geschlossenen Werke produzieren muss.

KLUGE

Ich wünschte mir, dass Voltaire noch älter geworden, dass er in die Französische Revolution hineingeraten wäre. Er hätte schon vorher Marie-Antoinette in der Halsband-Affäre verteidigt, er hätte möglicherweise eine konstitutionelle Monarchie zustande gebracht, weil das die Toleranz und der Preis gewesen wären, dass keine Köpfe mit der Guillotine abgetrennt werden im Terreur und dass Freiheit herrscht. Hätte Voltaire in der Französischen Revolution überlebt?

SCHIRACH

Er hat die Kirche überlebt, die Kaiser, die Könige, die Gefängnisse, die Schmähungen, die Triumphe. Bestimmt wäre er auch durch die Revolution gekommen. Seine Toleranz ist im Grunde genommen Bescheidenheit. Wir haben über Sokrates gesprochen, und hier ist Voltaires Verbindung zu ihm. Wir können dem anderen unsere Meinung nicht aufzwingen, weil wir uns nicht sicher sind, dass sie die Richtige ist.

KLUGE

Es ist auch eine Frage des Mutes. Sapere aude, habe den Mut, Dich nicht nur Deines Verstandes zu bedienen, sondern Deine Freunde zu respektieren, das Fremde wahrzunehmen, auch wenn Du es nicht verstehst.

SCHIRACH

Vielleicht brauchen wir auch keine großen philosophischen Erklärungen. Wir können heute sogar *sehen*, dass wir tolerant sein müssen. Die Voyager 1 startete 1977 von Cape Canaveral, sie ist die erste Sonde, die unser Sonnensystem verließ. Obwohl die Sonde eigentlich keine Kraft mehr hatte, schickte sie 1990 letzte Fotos zur Erde, über eine Strecke von 6 oder 7 Milliarden Kilometern, der größten Entfernung, aus der jemals ein Foto gemacht wurde. Auf einem dieser Fotos ist unser Sonnensystem zu erkennen, viele Sterne und links unten ein kleiner hellblauer Punkt, noch nicht mal von der Größe einer Stecknadel. Das ist die Erde, dort ist alles, was wir waren und was wir sind. Das Foto hängt über meinem Schreibtisch. Wenn Sie es ansehen, wird Ihnen klar, wie verrückt wir sind, dass wir Kriege führen und uns töten. In unserer Milchstraße gibt es 100 Milliarden Sonnensysteme und im Weltall 100 Milliarden solcher Galaxien. Das alles zusammen sind etwa 10 % des Universums, der Rest ist leer und minus 270° C kalt. Wir sind vergänglich, wir haben keine Gewalt über unser Leben. Marc Aurel schrieb, Alexander der Große und sein Maultiertreiber haben am Ende den gleichen Weg genommen. Es bleibt uns nichts übrig, wir müssen zusammenhalten.

KLUGE

Das ist eine starke Begründung der Toleranz, die aus der Gravitation des Gefühls entsteht. Wir wohnen auf einem Planeten zusammen. Doch der Kosmos ist kalt und uns gegenüber vermutlich gleichgültig. Das ist der Grund für Herzenswärme.

SCHIRACH

Toleranz ist diese Herzenswärme. Marc Aurel meint, der Zweck des Lebens sei die richtige Tat und das Geheimnis des Lebens sei das Leben selbst. Ich bezweifle, ob man darüber hinaus noch zu weiteren Erkenntnissen kommt. Für mich jedenfalls ist das alles.

KLUGE

Die Einfühlung, die Generosität, die Fähigkeit, etwas wegzuschenken – wenn wir schon auf dem Blauen Planeten luxuriös im All schweben, haben wir etwas übrig, und das können wir geben.

Kleist
oder das Wissen um den Menschen

KLUGE

Kleists »Findling« handelt davon, dass ein Kaufmann mit seinem Sohn in eine fremde Stadt fährt, um Geschäfte zu machen. Dort wütet die Pest. Als er die Stadt schon verlässt, die Quarantäne wird gerade erst verordnet, sieht er ein Kind, das hilfeflehend und pestkrank, mitgenommen werden will. Das ist der Findling. Wir würden heute sagen Flüchtling.

SCHIRACH

Der Kaufmann erbarmt sich, wird daraufhin festgenommen, weil er die Quarantäne-Regeln nicht beachtet hat, ein Verstoß gegen die Gesetze. Ihre Idee, lieber Herr Kluge, mit dem Flüchtling ist schön, weil er die Grenze überschreitet und zurück muss. Dort in der Stadt stirbt der Sohn des Kaufmanns an der Pest, aber das Findelkind wird gesund.

KLUGE

Der Kaufmann adoptiert das Kind später, aber es ist ein selbständiges Lebewesen. Das ist nicht etwa ein Findling, der dem Herrn dankbar ist, der ihn adoptiert, sondern dieses fremde Wesen macht sich selbst zum Herrn, und zum Schluss, als es Erbe wird, weist es Adoptivvater und Adoptivmutter aus dem Haus. Er bedroht die Adoptivmutter. Fast kommt es zu einer Vergewaltigung.

SCHIRACH

Der Findling-Flüchtling heißt Nicolo. Der frühere Geliebte der Mutter heißt Colino. Er ist lange schon tot. Die Mutter zieht sich noch immer vor dem Bild des Colino aus und kniet nackt vor ihm. Einmal nähert sich Nicolo der Nackten. Die Frau will sich ihm hingeben, sie ist verwirrt und glaubt in ihm ihren alten Geliebten zu sehen. Nicolo wird aber in letzter Sekunde abgehalten, weil er seinen Stiefvater hört. Beide, Nicolo und Colino, tragen den gleichen Namen, die Buchstaben sind vertauscht. Kleist hat das oft so gemacht. Die Elvire, also die Stiefmutter von Nicolo, ist die Elvira aus Mozarts »Don Giovanni«. Im »Zerbrochenen Krug« wird aus Eva Eve.

KLUGE

Deswegen der Titel Ihres Buchs »Der Fall Collini«.

SCHIRACH

Ja. Der »Findling« ist keine moralische Geschichte, wie oft behauptet wird. Kleist beschreibt etwas anderes. Colino und Nicolo unterscheiden sich nicht, sie sind dieselbe Person. Ich glaube, der »Findling« ist der letzte Text, den Kleist schrieb. Er war damals depressiv, müde, vom Leben erschöpft. In Colino und Nicolo, so stelle ich mir vor, zeichnet Kleist sich selbst: ein Mensch, der alles ist. Das war kurz bevor er sich und Henriette Vogel am Wannsee erschoss, Bilanzselbstmorde. Kleist schreibt an seine Schwester, auf Erden sei ihm nicht zu helfen gewesen. In »Der Fall Collini« ist der Täter Opfer und Mörder zugleich.

KLUGE

In den »Berliner Abendblättern« hat Kleist zum Beispiel die Geschichte eines Mordes in Paris beschrieben. Da haben Sie wieder das Thema der Beichte, diesmal aber umgekehrt, nicht die Beichtväter werden gefragt, ob der Calas oder irgendwer anders zum Tatbestand etwas beitragen kann, sondern hier ist ein altfranzösischer Katholik, der die Revolutionszeit überstanden hat und am Beichtgeheimnis festhält, um den Preis seiner eigenen Verurteilung. Er ist unbeugsam. Kleist hat einen Grundriss für *True Crime* gelegt.

SCHIRACH

Er beschreibt Taten exakt. Wie ein Kopf an die Wand geschlagen oder wie ein Feuer gelegt wird. Literatur ist kein Abbild der Wirklichkeit. Es ist eine eigene Wahrheit. Vieles, was Kleist in den »Berliner Abendblättern« schreibt, ist moderne Literatur.

KLUGE

Es ist eine populäre Zeitung, die auf der Straße verkauft wird, die Aktualitäten, die Moritaten, die Seltsamkeiten, die Bizarrerie enthält, eine der schönsten Dichtungen, die er gemacht hat. Alles Lebendige, alle entschiedene Tätigkeit in der Welt ist wie ein Lebewesen, wie eine große Fülle von Partituren, die miteinander zusammenhängen. Ist der Mensch von Natur aus gut oder böse?

SCHIRACH

Wenn wir heute an das »Böse« denken, fallen uns Fälle wie Jack Unterweger, Frank Gust und Josef Fritzl ein. Ein freundliches Reihenhaus, ein Kinderroller liegt in der Einfahrt. Sonntagnachmittag, alles ist träge und ruhig, ein Hund döst auf der Schwelle zur Haustür. Und nur wenn wir genauer hinsehen, entdecken wir neben dem Roller einen Haarreif – auf dem Kies ist eine dunkle nasse

Schleifspur –, dann erkennen wir, dass vor den Scheiben im Souterrain ein gelber abwaschbarer Plastikvorhang hängt. Der Russe Andrej Tschikatilo hat mindestens 53 Morde begangen. Als Kind hatte er Sehstörungen und als Erwachsener war er so unauffällig, dass die Polizei ihn zwar verhörte, aber nicht ernst nahm. Für seinen ersten Mord – ein neunjähriges Mädchen – wurde versehentlich ein anderer hingerichtet. Oder Josef Fritzl. Er galt als freundlicher Nachbar, ein liebevoller Opa, sagten Bewohner in seiner Straße. In seinem Keller hielt er 24 Jahre lang seine Tochter gefangen, vergewaltigte sie immer wieder und zeugte mit ihr sieben Kinder. In der Oper »Lulu« von Alban Berg ist der nie entdeckte Serienmörder Jack the Ripper ein höflicher Mann, er tötet und verschwindet wieder. Wir können dem Menschen nicht ansehen, wer er ist.

KLUGE

Das Böse ist ein schneller Begriff.

SCHIRACH

Er hat etwas Blitzartiges, ein ganzes Urteil in einem einzigen Wort. Strafverfahren sind das Gegenteil. Sie sind langsam, behäbig und lustlos. Im Gericht gibt es den Besonderen Wachtmeister.

Wenn der Staatsanwalt auf dem Aktendeckel die Zustellung durch diesen Besonderen Wachtmeister vermerkt, dann bedeutet das, dass die Akten schneller als üblich transportiert werden sollen. Trotzdem dauert es zwei Tage, bis sie ein Zimmer weiter gebracht werden. Die Justiz wirkt zu träge, zu vorsichtig. Aber immer, wenn sie sich anders verhält, passieren Katastrophen. Plötzlich erscheint das Böse, wo es eigentlich um Gerechtigkeit gehen soll. Erkenntnis in der Strafjustiz entsteht nicht durch Geschwindigkeit, sondern durch Zeit, durch viel Zeit. Tatsächlich ist dem Strafverfahren der Begriff das Böse fremd. Dort werden Tat und Täter untersucht, nicht Gut und Böse. Das Strafgesetzbuch definiert an keiner Stelle das Böse, es beschreibt, was Verbrechen und Vergehen sind. Das »Böse« wird aufgelöst in Tat, Rechtswidrigkeit und Schuld. Menschliche Handlungen werden geprüft, erfasst, geordnet. Am Ende urteilt ein Richter. Seine Begriffe sind Freiheitsstrafe, Sicherungsverwahrung und Führungsaufsicht – nie aber Hölle und Verdammnis. John Austin, ein englischer Rechtsphilosoph des 19. Jahrhunderts, formulierte es so: »Das Vorhandensein einer Rechtsnorm ist eine Sache; ihre Richtigkeit oder Unrichtigkeit eine andere. Ob sie besteht oder nicht, ist eine Frage; ob sie einer zugrunde gelegten Idealvorstellung entspricht oder nicht, eine andere. Ein bestehendes Gesetz ist auch dann ein Gesetz, wenn es uns nicht zusagt.«

KLUGE

Oft ist das unerträglich. Ein Mann vergewaltigt ein fünfjähriges Mädchen. Jetzt wollen die Menschen Rache.

SCHIRACH

Ein Pranger auf dem Marktplatz der Stadt, ein Schandpfahl, an den der Böse gekettet wird – das ist das Mindeste. Wir wollen den Verbrecher ansehen und anspucken. Die Steinigung befriedigte über Jahrtausende unsere Bedürfnisse, es gab sie schon im antiken Griechenland. Und wenn das nicht mehr geht, dann wollen wir wenigstens erleben, wie das Böse vor einem Richter steht, der es vernichtet. Andrej Wyschinski klagte im März 1938 im Auftrag Stalins die Trotzkisten an. Er schrie als Staatsanwalt: »Die Verräter und Spione müssen wie räudige Hunde erschossen werden.« Im Prozess gegen Graf Schwerin brüllte Roland Freisler 1944 als Richter am Volksgerichtshof: »Sie sind ja ein schäbiger Lump!« Ein Richter, so Freisler, solle den Mörder einfach nur ansehen und sagen: »Das Subjekt verdient den Strang.« Das

Böse ansehen und erkennen, dass es den Strang verdient – was für eine grauenhafte Dummheit.

KLUGE

Es geht auch um die Frage, was Wahrheit und was Wirklichkeit ist.

SCHIRACH

1927 formulierte Werner Heisenberg die Unschärferelation. Wenn wir den Ort eines Teilchens genau bestimmen, verändert sich dadurch zwangsläufig seine Energie. Beobachtung verändert also die Wirklichkeit. Was ist dann Wahrheit? Im Mittelalter gab es einen Kartographen, der die beste Karte der Welt herstellen wollte. Er dachte sehr lange darüber nach – und wählte den Maßstab 1:1. Das Projekt scheiterte. Wahrheit entsteht eben nicht durch Abbildung, sie entsteht durch Formalisierung. Auch Film ist solche Formalisierung. In »Der unauffällige Mr. Crane« der Coen Brüder ist Ed Crane ein Friseur in einer Kleinstadt. Sein Leben ist langweilig. Seine Frau beginnt ein Verhältnis mit dem Kaufhausbesitzer. Das führt zu Verwicklungen. Schließlich tötet der Friseur seinen Nebenbuhler. Cranes Strafverteidiger heißt Freddy Riedenschneider. Er ist eitel, arrogant, geldgierig, wohnt im teuersten Hotel der Stadt und isst jeden Tag Hummer – auf Kosten seines Mandanten. Im Gefängnis entwickelt Riedenschneider die Prozessstrategie aus Heisenbergs Unschärferelation. »Man kann«, so sagt er, »nie objektiv wissen, was passiert ist oder was passiert wäre, wenn man mit seiner verdammten Nase nicht darin herumgeschnüffelt hätte.« Wir wissen nicht, wie der Fall Crane mit Riedenschneider als Verteidiger ausgegangen wäre, denn Crane kann nicht mehr bezahlen und natürlich legt der Anwalt das Mandat sofort nieder. Wir leben nur einen Wimpernschlag, dann versinken wir wieder, und in dieser kurzen Zeit können wir noch nicht einmal das Einfachste: die Wirklichkeit verstehen. Aber wir können Wahrheit erschaffen. Sie ist nichts anderes als Formalisierung. In einem Strafprozess wissen wir ja nie, was wirklich passiert ist. Der Richter ermittelt einen Sachverhalt, über den er urteilt. Das geht aber nicht um jeden Preis, nicht durch Folter zum Beispiel. Der Richter stellt also eine formalisierte Wahrheit her. Alle Indizien müssen durch den Filter der Strafprozessordnung. In der Literatur ist es ähnlich: Die Wirklichkeit verwandelt sich im Kopf des Schriftstellers. Was er beschreibt, ist nicht die Wirklichkeit, sondern seine Wahrheit, also eine durch Worte formalisierte Wirklichkeit.

KLUGE

Das ist die Beschreibung der Verschränkung, und die gibt es in der Natur wirklich. Unsere Sonne zum Beispiel ist ein kühler Stern. Ihr Kern ist nicht heiß genug, um Photonen zu erzeugen: das Licht, das die Sonne doch täglich abstrahlt. Eigentlich müsste die Sonne dunkel sein. Sie strahlt aber dennoch, weil die Naturkräfte »tunneln«. Gegen die Regeln der Physik, aufgrund der Unschärferelation, werden Photonen erzeugt. Aus Unwahrscheinlichkeit resultiert es, dass die Sonne unseren Blauen Planeten bestrahlt und dass wir leben.

SCHIRACH

In der Quantenmechanik treten seltsame Phänomene auf. Wenn zwei Teilchen miteinander verschränkt sind, existiert zwischen ihnen eine Verbindung – egal, wie weit sie voneinander entfernt sind. Einstein irritierte das. Er sagte: »Es scheint hart, dem Herrgott in die Karten zu gucken. Aber dass er würfelt und sich telepathischer Mittel bedient, wie es ihm von der gegenwärtigen Quantentheorie zugemutet wird, kann ich keinen Augenblick glauben.« Dass die verschränkten Teilchen anscheinend »fühlen«, was das jeweils andere tut, nannte er 1935 eine »spukhafte Fernwirkung«.

Wir müssen uns das so vorstellen: Es gibt zwei Hunde, sehr besondere Hunde. Die Hunde können sich nicht entscheiden, welche Farbe ihr Fell hat. Erst in dem Moment, in dem Sie die Hunde ansehen, wird es weiß oder schwarz. Lange Zeit waren die beiden Tiere zusammen in einem Zwinger. Nun klettert einer der beiden in eine Rakete und fliegt los. Sie besuchen ihn auf dem fernen Stern, Sie sehen ihn an und er bekommt schwarzes Fell. In exakt diesem Moment färbt sich das Fell des anderen Hundes auf der Erde weiß. Und das geschieht schneller als das Licht. Die Hunde scheinen eine Verbindung zu haben. Lange Zeit konnte das nicht erklärt werden.

KLUGE

Dann würde, selbst wenn das eine Teilchen sich auf dem Sirius befindet, das andere auf Erden unabhängig von der Lichtgeschwindigkeit reagieren. Der Satz »Aus Gottes Hand können wir nicht fallen« wäre die trostreiche Version davon. Es gibt Zusammenhänge, und die sind, egal, ob wir sie verstehen oder nicht, in dieser Weise verschränkt und haben *spukhafte Fernwirkung*.

SCHIRACH

Das Problem der Verschränkung in der Quantentheorie scheint heute weitgehend gelöst. Aber eben nicht vollständig. Vermutlich wird es irgendwann gelingen. Die Wissenschaft versucht, unser Leben zu erklären, aber es bleibt furchtbar kompliziert und aus den Lösungen ergeben sich neue Fragen.

KLUGE

Unter dem Stichwort »Blicke ins Menschenherz« hätten Sie bei Schiller zunächst die Anknüpfung an den Pitaval. Das ist eine Rohmaterialsammlung von Kriminalfällen.

SCHIRACH

Schiller war nicht der Erste. François Gayot de Pitaval schrieb zwanzig Bände »Causes célèbres et intéressantes«, also berühmte und interessante Fälle. Sie wurden sehr populär und später von vielen anderen wiederholt. Zuletzt gab es sogar in der DDR einen *Fernsehpitaval*.

KLUGE

Bei Schiller wäre die Idee, dass man das »innere Räderwerk des Lasters«, wie er sich ausdrückt, oder des Verbrechens, öffentlich kenntlich macht vor Zuschauern, die das Räderwerk in sich, die

Subjektivität, und das Räderwerk draußen, das Objektive, prüfen. Das ist Aufklärung auf dem Theater.

SCHIRACH

Es geht über die Aufklärung hinaus, es ist für uns eine Erleichterung. Der Gangster darf die Dinge tun, die wir nicht tun dürfen. In einem Restaurant bleiben wir höflich, obwohl der Kellner uns schlecht behandelt. Am Ende geben wir ihm sogar noch Trinkgeld. Tony Soprano würde ihn ohrfeigen, Al Pacino in »Scarface« ihn erschießen. Für den Gangster gibt es keine Regel, er ist frei. Wir führen ein bürgerliches Leben, wir müssen 150 Ge- und Verbote befolgen, bevor wir am Morgen im Büro angekommen sind: im Auto anschnallen, nicht während der Fahrt telefonieren, die Ampeln beachten und so weiter. Unsere Welt ist reguliert, unsere Freiheiten werden täglich kleiner. Dem Gangster zuzusehen entlastet uns. Aber es gibt noch einen weiteren Grund: In dem Verbrecher erkennen wir uns selbst. Wir sehen zum Beispiel einen Menschen, der sein Leben lang von seinem Partner gequält wird und ihn schließlich tötet. Auch wenn die wenigsten Menschen so etwas tun werden, kennen viele die ausweglose Situation. Vor ein paar Jahren gab es eine seriöse Umfrage in den USA: Wie viele Leute haben sich schon einmal vorgestellt – ernsthaft vorgestellt – einen anderen umzubringen? Den Ehepartner zum Beispiel oder den Chef? Es waren mehr als 50 Prozent.

KLUGE

Wenn Sie jetzt, gesehen vom Fall Calas, 70 Jahre weiter gehen, hätten Sie den »Doppelmord in der Rue Morgue« von Edgar Allan Poe. Hier haben Sie einen anderen Voltaire, nämlich einen Detektiv, der rauskriegt, wie ein Doppelmord stattfinden kann: grässlich. Ein Mord geschieht an zwei Frauen, während alle Türen und Fenster verschlossen sind. Es konnte kein Täter eindringen und keiner entkommen. Es zeigt sich dann, dass das Verbrechen von einem Orang-Utan begangen wurde, der bei einem Barbier gelernt hat, wie der mit dem Messer umgeht. In den 17 Jahren von der Jahrhundertwende bis heute gibt es eine starke Zunahme des Interesses an wahren Verbrechen, weg von den literarischen Vorbildern, hin zu »In Cold Blood«.

SCHIRACH

Poes »Doppelmord in der Rue Morgue« ist eine perfekte Konstruktion: ein Verbrechen, das keines ist. Mich hat nur immer geärgert, dass die Fakten nicht ganz stimmten – das Fenster, durch das der Orang-Utan fliehen kann, ist ja nur scheinbar verschlossen. Bei Truman Capote ist es völlig anders. Das ist keine Konstruktion. Er zeichnet ein wahres Verbrechen nach, ein *true crime*. Capote macht das literarisch, das unterscheidet ihn von Reportern, Polizisten und Richtern. Schon zu Beginn erzählt er, was der Farmer am Vortag der Tat denkt. Das kann Capote nicht wissen, weil der Farmer ja ermordet wurde. So verwandelt, wird Verbrechen zur Literatur.

KLUGE

Wenn man sich vertieft in ein Detail eines wirklichen Vorgangs, wird dieses Detail bizarr aussehen. Aber wenn Sie einen Tatort sehen, wie die Dinge liegen, gegen alle Wahrscheinlichkeit, hätte man eigentlich als natürliche Ausdrucksform das Fragment.

SCHIRACH

Aus dem Fragment schließen wir auf das Ganze. Es kann ein Satz sein oder ein Gegenstand des Alltags, eine Salatschüssel zum Beispiel. Sie findet sich in keinem Polizeibericht wieder, aber erst durch sie wird das Geschehen literarisch greifbar. Das ist auch ein Unterschied zum Film. Dort sehen Sie die Salatschüssel, in der Geschichte stellen Sie sich die nur vor – und das ist wirkungsvoller. Wenn ich Ihnen sage, stellen Sie sich jetzt bitte einen Hut vor, können Sie nicht anders – Sie müssen an einen Hut denken. Ihr Hut sieht völlig anders aus als der Hut in meinem Kopf, aber darauf kommt es für die Geschichte nicht an. Ich erinnere mich an den Fall eines Mannes, der in einer Wohnung lebte, deren Fenster auf die Bahn hinausgingen. Er konnte kaum schlafen, jede Nacht saß er am Fenster, Stunde um Stunde sah er den Zügen nach. Es gibt eine Geschichte von Georges Simenon: »Der Mann, der den Zügen nachsah«. Aber dieser Mann war nicht wie Simenons Held, er war antriebsarm und depressiv. Tagsüber quälte er sich durch sein Leben – er war Beamter in der Rentenversicherung –, nachts saß er an diesem Fenster und starrte in die Nacht.

KLUGE

Was hat der Mann getan?

SCHIRACH

Er klingelte bei seinem Nachbarn und schlug ihm mit einem Vierkantholz den Kopf ein, weil der immer so laut Musik gehört habe. In der Urteilsbegründung später stand nichts von den Zügen und nichts von dem nächtlichen Fenster. Aber für alle, die in dieser Verhandlung waren, war das der Untergrund, die dunkle Farbe der Einsamkeit des Mannes, der sein Leben nur noch in der Stille ertrug.

KLUGE

Das Ideal des vollständigen Berichts, das dem großen Roman zugrunde liegt, noch in den »Buddenbrooks«, hat im 21. Jahrhundert keine Geltung. Aber aus jeder Einzelheit der »Buddenbrooks« kann ich eine neue Kurzgeschichte, einen neuen Roman oder ein Kristallgitter poetischer Äußerungen bauen.

SCHIRACH

Oft reicht ja ein einziges Wort, ein Satz, eine Geste. Ein anderer Fall: Ein Mann ist verheiratet. Nach vielen Jahren der Ehe sticht er seiner Frau ein Messer in die Brust. Die Frau überlebt, der Mann wird des versuchten Totschlages angeklagt. So, wie ich es geschildert habe, steht es in der Anklage, ein scheinbar eindeutiger Fall. Im Prozess verändert sich die Sicht. Im Laufe der Ehe war der Mann von Jahr zu Jahr mehr überzeugt, seine Frau sei ein »böses Wesen«, das er töten müsse. Irgendwann ist er sich völlig sicher. Er sticht zu, das Messer lässt er in der Brust stecken, setzt sich an den Wohnzimmertisch und isst eine Orange. Die Frau liegt in der Zimmerecke und kämpft mit dem Tod. Irgendwann sieht er sie an, nimmt die Orangenschalen und wirft sie auf seine Frau. Dabei sagt er: »Geh endlich weg, du Beelzefrau.« An die Orangenschalen erinnert sich später die Frau und an das Wort »Beelzefrau«, das es so im Deutschen ja nicht gibt. Sie wiederholt es im Prozess immer wieder.

KLUGE

Wäre das für Sie als Strafverteidiger ein Punkt?

SCHIRACH

Natürlich, es zeigt den furchtbaren Defekt des Mannes.

KLUGE

Dies ist die Spur der Wahrheit, die ein Verteidiger so auffinden kann, wie ein Indianer Fußspuren liest. So etwa muss der Poet Details aufsammeln. Lässt sich so etwas über das Böse sagen?

SCHIRACH

Eines meiner ersten Mandate war eine junge Frau, der vorgeworfen wurde, ihr Baby getötet zu haben. Ich besuchte sie im Gefängnis. Mein Kopf war damals voll von Aristoteles, Rawls, Kelsen, Popper und Hayek. Aber plötzlich war alles anders. Sie können eine Orange in jedem Detail beschreiben, ihren Geruch, ihre Konsistenz, die Farbe der weißen Fäden zwischen den Fruchtkammern, den Geschmack. Aber auch wenn Sie das alles theoretisch verstanden haben, ist es etwas völlig anderes, wirklich eine Orange zu essen. Die Wände der Anwaltssprechzelle im Gefängnis waren mit gelbgrüner Ölfarbe gestrichen. Die Farbe sollte beruhigen. An einem Resopaltisch saß die junge Frau. Sie weinte. Sie weinte, weil ihr Kind tot, sie eingesperrt und ihr Freund nicht mehr da war. Und in diesem Moment verstand ich, dass es immer nur um den Menschen geht, um den Einzelnen, um seine Wünsche und Hoffnungen, seine Irrtümer, sein Streben nach Glück und sein Scheitern. Die meisten kennen den gewaltsamen Tod nicht, sie wissen nicht, wie er aussieht, wie er riecht und welche Leere er hinterlässt. Ich erinnere mich an den ersten Ermordeten, den ich sah. Der Gerichtsmediziner schnitt seinen Körper auf, die Haut des Mannes wurde über sein Gesicht gezogen, Nieren, Milz, Leber und Lunge wurden gewogen. Ich habe mich vor dem Institut übergeben. Später besuchte ich in Rio de Janeiro und Bratislava

Mandanten im Gefängnis, sie saßen in Löchern, in denen es nach Kot und Urin stank, vier Männer teilten sich eine Zahnbürste. Ich erinnere mich an die junge Frau, in deren Vagina Zweige und Blätter gefunden wurden, und an den Mann, dessen Kopf abgetrennt war. Ich denke an die Menschen, die ich verteidigt habe, an ihre Einsamkeit, ihre Fremdheit und ihr Erschrecken über sich selbst. Ein Freund, ein Richter aus Kiew, dokumentierte die Staatsverbrechen dort. Er erzählte, wie das Blut der Gefolterten von den Wänden gewaschen wurde, wie Listen von Getöteten vernichtet und Todesurteile verbrannt wurden. Das machte ihn krank. Irgendwann konnte er nicht mehr zu seiner Frau nach Hause gehen, weil er zu viele Körper gesehen hatte, die nackt waren und zu niemandem mehr gehörten, nicht einmal zu sich selbst. Er steckte sich den Lauf einer Pistole in den Mund und erschoss sich. Vladimir Nabokov schreibt im ersten Satz von »Erinnerung, sprich«, unser Leben sei »nur ein kurzer Lichtspalt zwischen zwei Ewigkeiten des Dunkels«. Keine Definition des Bösen hilft der jungen Frau, die ihr Baby getötet hat, keine Antwort auf die Frage nach dem Sinn des Lebens hilft dem Menschen. Begriffe wie das Böse, das Gute, die Moral sind mir zu groß und zu weit. In der Vorhalle des Apollontempels in

Delphi stand: »Erkenne dich selbst.« Mehr gibt es nicht, das ist die ganze Geschichte. Kleist hatte recht, der Mensch ist immer beides, er ist Nicolo und Colino, er ist gut und böse zugleich.

Berliner Abendblätter

Berliner Abendblätter, 31. Januar 1811

Aus Paris.

Der Kassationsgerichtshof hat kürzlich einen merkwürdigen Rechtsfall entschieden, der wegen seiner Beziehung auf die Religion, die Sitten und bürgerliche Ordnung die allgemeine Aufmerksamkeit erregt hat und in mehreren öffentlichen Blättern mitgetheilt wird. Der Fall ist folgender:

Bei dem Pfarrer eines Kirchsprengels, unweit Mons im Jemappes-Departement, wird ein ansehnlicher Diebstahl begangen, mehrere Personen werden verhaftet und vor dem Spezialgerichtshof dieses Departements als verdächtig angeklagt. Während der Untersuchung aber erscheint eine Person bei Herrn Laveine, Vikar des Kirchspieles von Mauvelle, und erklärt ihm, daß sie ein Geheimniß zu entdecken habe, welches sie auch sogleich thut. Sie stellt zugleich Hrn. Laveine eine Summe zu, und bringt ihm den Tag darauf noch eine, um alles dem bestohlenen Pfarrer wieder zuzustellen. Der mit der Behandlung dieses Prozesses beauftragte Richter hatte nicht sobald von diesem Geständnisse und dieser Restitution Kenntniß erhalten, als er Herrn Laveine aufforderte, über beide Fakta ein besonderes Zeugniß abzulegen. Der Geistliche behauptete, daß er weder das Geschlecht noch den Namen der Person, die ihm ein Geheimniß von solcher Wichtigkeit anvertraut habe, entdecken könne; allein er erbot sich, eine Aussage zu erstatten über das Faktum der Restitution und alle andere Umstände, von welchen er Kenntniß habe. Es ergehen nunmehr Verordnungen und Requisitionen an Herrn Laveine, der Justiz den Namen der Person zu entdecken, welche das aus dem Diebstahl sich herschreibende Geld ihm zugestellt habe; weil, sagt der Gerichtshof, diese Entdeckung zur Verurtheilung und Bestrafung eines Verbrechens oder zur Rechtfertigung eines Unschuldigen dienen könne.

Gegen diese Verordnung ergriff Herr Laveine das Rechtsmittel der Kassation. Er stützte sich dabei auf den ersten Artikel des Konkordats, welcher freie Religionsübung gestatte, und die katholische Religion für diejenige erkläre, welche der größte Theil der Franzosen bekenne. Nun aber, sagt er, verletzt man offenbar das Gesetz, stört die freie Religionsübung, beeinträchtigt den sakramentalischen Glauben und die Gewissensfreiheit, so wie die Sittlichkeit, stört auch die öffentliche Ordnung, sobald man den Geistlichen zwingt, der Gerechtigkeit ein Bekenntniß mitzutheilen, welches ihm von einem Reuigen im Vertrauen geleistet wurde. Die Grundsätze der Religion, die kanonischen Gesetze, die bürgerlichen und geistlichen Statuten, Alles spricht gegen eine solche Entdeckung. [...]

Ich habe also, sagt Herr Laveine, durch Anzeige des Faktums der Restitution der geraubten Sache, durch Vorlegung aller Umstände, von denen dieses Faktum begleitet war, meine Pflicht als Staatsbürger erfüllt. Durch Verschweigung des Geschlechts und Namens der Person habe ich meiner Pflicht als Beichtvater und Priester Genüge geleistet; ich habe mich in beiden Hinsichten dem bürgerlichen und geistlichen Gesetze gemäß bezeigt; ein Befehl, der eine vollständigere Aussage fordert, der meinem Gewissen unverletzliche Geheimnisse zu entreißen droht und mich zwingt, meinen Eid zu verletzen um ein guter Bürger zu sein, kann durchaus nicht bestehen.

Der Generalprokurator Merlin bestritt diese Gründe und behauptete, daß ein Geistlicher wie jeder andere Franzose gehalten sey, der Gerechtigkeit vollständig alle Umstände eines Verbrechens zu entdecken, welches ihm außer dem Beichtstuhle bekannt geworden sei.

Allein der Gerichtshof nahm diese Meinung nicht an. Er verordnete vielmehr durch einen Beschluß, daß die von Herrn Laveine angefochtene Entscheidung kassirt sein solle.

Berliner Abendblätter, 7. Januar 1811
Mord aus Liebe.

Man hat vor einiger Zeit in den öffentlichen Blättern gelesen, daß ein Paar Liebende sich gegenseitig aus Verzweiflung in einem Augenblicke getödtet hatten. Ein ganz gleicher Vorfall ereignete sich im Jahre 1770 zu Lyon. Die Erzählung desselben findet sich in dem *Journal Encyclopédique* von diesem Jahre. Ein italienischer Fechtmeister, Namens Faldoni, heißt es daselbst, hatte sich bei seinen Übungen einen solchen Schaden zugefügt, daß die Wundärzte, welche ihn zu behandeln hatten, erklärten, er müsse bald daran sterben, weshalb er sich immer auf seinen Tod vorbereiten möchte. Der Unglückliche liebte seit einiger Zeit mit der heftigsten Leidenschaft ein Mädchen, von dem er wieder geliebt wurde. Beide Liebende geriethen durch diese Erklärung der Wundärzte Anfangs in die heftigste Verzweiflung. Der eifersüchtige Italiener konnte sich nicht entschließen, seine Geliebte in der Welt zurück zu lassen, und diese betheuerte, sie würde ihn nicht zu überleben vermögen. Auf diese Versicherung gestützt, brütete von nun an Faldoni über dem schrecklichsten Gedanken;

allein ehe er ihn ausführte, wollte er die Wahrheit der Gesinnung seiner Geliebten auf die Probe stellen. In einem Augenblicke der Zärtlichkeit und des Schmerzes ließ er sie mehrmals wiederholen, daß ihr ohne ihn das Leben ganz gleichgültig, ja verhaßt sei. Hierauf zog er ein Fläschchen aus der Tasche und sagte: das ist Gift! und sogleich verschlang er es. Außer sich vor Schmerz, entriß ihm seine Geliebte den Rest, und schluckte ihn begierig hinunter. Allein nun gestand er ihr, daß er bloß ihre Liebe und ihren Muth habe auf die Probe stellen wollen. Mit schmerzlicher Freude theilte er einem Freunde den gemachten Versuch mit. Dieser nahm ihm seine Waffen weg, und bemühte sich, ihn von den düstern Ideen, die ihn quälten, zu befreien. Der Kranke stellte sich beruhigt, und äußerte, gegen die Meinung der Ärzte die Hoffnung, seinen Unglücksfall zu überleben, indem er vorgab, es habe ihm ein Wundarzt in einer entfernten Stadt versprochen, ihm das Leben zu erhalten. Unter diesem Vorwande trat er die Reise an. Einige Tage darauf bat das Mädchen ihre Ältern, sie möchten ihr erlauben, in ihrem Landhause zu Ivigny an den Ufern der Rhone, 2 Stunden von Lyon, der Landluft auf einige Zeit zu genießen. Der Italiäner begab sich sogleich, mit 2 Pistolen versehen, dahin. Das Mädchen schrieb nun an ihre Ältern einen Brief, worin sie auf ewig von ihnen Abschied nahm. Nachdem sie hierauf alle Bedienten entfernt hatten, verschlossen sich die Liebenden in die Hauskapelle. Hier setzten sie sich am Fuße des Altars nieder, und schlangen mit dem linken Arme ein Band um sich. Jedes hielt ein Pistol auf das Herz des andern, und mit Einer Bewegung gingen beide Pistolen los und durchbohrten die Brust von beiden mit Einem Male. Die Mutter war indessen, um den unglücklichen Plan zu vereiteln, sogleich, in der größten Eile von Lyon abgereist, allein sie fand nur die entseelten Körper fest an einander geschlossen. Ihre Tochter hatte die Augen mit einem Tuche verbunden, Faldoni aber sein Gesicht mit seiner Redingote verhüllt. Der Liebhaber war 30, und seine Geliebte 20 Jahr alt.

Terror
oder die Klugheit des Rechts

KLUGE

Wie kam es zu Ihrer Idee des Theaterstücks »Terror«?

SCHIRACH

Ursprünglich wollte ich einen Text über die Frage schreiben, wie wir mit dem Terrorismus umgehen. Er ist die größte Herausforderung unserer Zeit, er verändert die Gesellschaft, das Recht und die Moral. Beim Schreiben merkte ich, dass es einfacher wird, wenn ich mit jemandem darüber spreche. Texte in Zeitungen führen ja kaum zu einem Gespräch. Es wird zwar in den Feuilletons immer von »Debatten« gesprochen, aber tatsächlich sind es meistens nur drei, vier Journalisten, die sich über ein Thema unterhalten. In der Öffentlichkeit findet das nicht statt. Aus meinen Gesprächen, auch mit Ihnen, Herr Kluge, entwickelte sich das Stück.

KLUGE

Ein Bundeswehrpilot schießt gegen seine Befehle eine von einem Terroristen entführte Maschine ab, die auf ein Fußballstadion zufliegt. Er wird angeklagt, weil er 164 Passagiere tötet, um 70 000 Stadionbesucher zu retten.

SCHIRACH

Die Idee des entführten Flugzeugs ist austauschbar. Auch die Debatte um das Luftsicherungsgesetz ist nicht entscheidend. Sie hat nur den Vorteil zu zeigen, dass auch unser Parlament verfassungswidrig entschied. Das Gesetz, das es erlaubte, ein entführtes ziviles Flugzeug abzuschießen, ist 2005 vom Bundestag angenommen worden. Später wurde es vom Bundesverfassungsgericht in seinem wesentlichen Teil wieder aufgehoben.

KLUGE

Sie lassen in dem Stück eine verkehrte Welt entstehen, das ist das Literarische und Poetische an diesem Drama. Es geht um elementare Fragen, nämlich die Einrichtung des Gemeinwesens: die Frage, wer über Tod und Leben bestimmen darf. Bei so grundsätzlichen Fragen wird fast alles, was nach der Strafprozessordnung vor einer Strafkammer verhandelt werden kann, schräg. Das ist der Reiz des Stücks.

SCHIRACH

Das Recht ist ganz idealisiert und verkürzt, Sachverhalt und Verhandlung sind so stark vereinfacht, dass der Konflikt hervortreten kann. Es geht ja nicht um Rechtswidrigkeit und Schuld. Strafrechtsdogmatik ist viel komplizierter, sie gehört in den Hörsaal oder ins Gericht, aber nicht auf die Bühne. »Terror« ist keine Rechtsbelehrung, sondern ein Theaterstück.

KLUGE

Der Schriftsteller ist nicht der Blockwart des Rechts und der Tatsachen.

SCHIRACH

Die Zuschauer stimmen darüber ab, ob der Pilot richtig gehandelt hat. Sie entscheiden das als Theaterbesucher in der Rolle von Schöffen. In der Politik darf eine solche Abstimmung nie stattfinden.

KLUGE

Paracelsus sagt, Gift brauche ich, um ein Antigift zu erzeugen, um Immunität herzustellen. Das ist kein Widerspruch. Die Abstimmung ist gut, weil sie dem athenischen Prinzip entspricht.

SCHIRACH

Theater und Literatur haben andere Aufgaben als Politik und Justiz. Im Theater begegnen wir uns selbst, unseren Reflexen, Gefühlen, Gedanken. Wir ringen mit uns, sind hin- und hergerissen, wir streiten, zweifeln, verwerfen und suchen nach der richtigen Lösung. Das Theater wird so zu einem republikanischen Forum, die »res publica«, die öffentliche Sache, wird verhandelt. Die Abstimmung im Stück dient der Anregung, nicht mehr und nicht weniger. Ich habe erlebt, wie Zuschauer nach der Aufführung nicht zum Essen gingen, sondern im Foyer blieben und weiter miteinander diskutierten. Jeder wusste natürlich, dass er nicht wirklich über Schuld eines Menschen entschieden hatte. Aber alle redeten über den Staat, über unsere Gesellschaft und unsere Zukunft, die Verfassung wurde plötzlich lebendig. Die Sprache, das Theater, die Bücher gehören uns, wir müssen sie verteidigen gegen Lügen, Phrasen und Worthülsen. Albert Camus sagte 1957: »Die Kunst ist in meinen Augen kein einsiedlerisches Vergnügen. Sie ist ein Mittel, die größtmögliche Zahl von Menschen anzurühren.« Ich glaube, sie kann das noch immer. Und vielleicht, gerade heute, in einer Zeit, in der unsere Welt einzustürzen droht, muss sie es auch. Wenn es funktioniert, kann das Theater wieder eine Relevanz bekommen, die es verloren hat. Das Theater war immer ideal für diese Diskussionen.

KLUGE

Was ist mit einem Menschen, der seine Arbeit in Bremen in der Vulkan-Werft verloren hat und, getrennt von Frau und Kindern, in Stuttgart arbeiten muss? Nur selten treffen die Eheleute zusammen. An dem Tag, als er in Stuttgart eine junge Frau kennenlernt, besucht ihn seine Frau, von Ahnungen getrieben. So bleibt die Ehe intakt.

SCHIRACH

Ist ein solcher Glücksfall ein Theaterstoff? Den Mann, seine mögliche Geliebte, seine Frau, seine Arbeit – all das können Sie im Film viel besser zeigen als auf dem Theater. Sie können auch eine Serie über die Geheimdienste produzieren. Oder einen Film über Erdogan. Oder eine Weltraumsaga, eine Liebesgeschichte mit Bildern aus New York oder ein Popkonzert in Tokio. Das Theater erreicht heute leider kein großes Publikum mehr, es ist nicht mehr in der Mitte der Gesellschaft. Aber es kann dem Film überlegen sein, nämlich wenn an diesem Abend zwischen den Zuschauern und den Schauspielern etwas Einmaliges passiert, etwas Unwiederholbares. Das kann eine Abstimmung sein und eine Diskussion später im Foyer.

KLUGE

Beim Buch können Sie relativ intim sein. Nicht der Text ist die Intimität, sondern das, was Ihnen dazu einfällt.

SCHIRACH

Deshalb sind Bücher ja oft klüger als ihre Autoren. Der Leser macht etwas mit dem Buch, was weit über den Text hinausgeht.

KLUGE

Nehmen wir die Verhandlungskunst, die Prozesse und die produktiven Umgangsweisen mit dem eigenen Leben, und stellen uns vor, es gäbe ein Kellertheater, eine Abzweigung des Theaters, das nicht so wichtig ist wie die Hauptsache. Ich würde es mir wünschen. Ein spiritueller Puff, um Erfahrungen zu machen, denn der Umgang, den wir mit der Libido haben, ist relativ barbarisch geblieben. Nehmen Sie Jean Paul, verehrt von lauter Leuten um ihn herum. Er ist ein Mann der extremen Ausschläge, also himmelhoch jauchzend zu Tode betrübt, aber in Worten, nicht nur in Gemütsbewegungen. Er verliebt sich November und Dezember

1799 in eine Adlige. Aus Standesgründen dürfte sie ihn eigentlich nicht heiraten. Aber die Prinzessinnen am Hof von Coburg-Gotha und Geister wie Gleim unterstützen das junge Paar. Sie verschaffen Jean Paul eine Planstelle. Aber schon im Mai 1800 ist das Verlöbnis wieder gelöst. Das Genie ist wetterwendisch. Er heiratet dann eine Frau, die für den Durchschnitt taugt, ihn versorgt und seine Phantasie nicht besonders kitzelt. Diese Willkür bei der »Liebe auf den ersten Blick« ist der Grund, weswegen ein Mann wie Immanuel Kant sagt: Liebe ist keine republikanische Tugend. In dem Kellertheater könnte man solche Erfahrungsgehalte darstellen.

SCHIRACH

Jean Paul hatte eine weitere Verehrerin, vor der lief er immer davon. Wir scheitern fast immer an der Liebe. Wir wollen die Dinge richtig machen, wir versprechen etwas, und dann können wir es nicht halten, weil wir uns selbst nicht kennen. Wir wollen für den geliebten Menschen ein anderer werden, wir wollen ihn beschützen, wir hoffen, endlich mutig, tapfer und sanft zu sein, aber in Wahrheit sind wir es nicht. Am Ende stehen wir vor dem Spiegel, hilflos, schuldig und voller Scham. Wir hoffen auf Rettung, wir glauben, die

Liebe könne uns erlösen, so wie in den großen Romanen und den Hollywoodfilmen. Aber Kant hat leider recht. Liebe hat nichts mit Gerechtigkeit zu tun und nichts mit Vernunft.

KLUGE

Aber mit Selbstbestimmung und Selbstverwirklichung?

SCHIRACH

Wir können uns immer nur selbst erlösen, glaube ich. Erst danach wird Liebe möglich. Das Recht ist etwas ganz anderes, es soll nur den äußeren Rahmen schaffen, im Strafrecht den Schutz vor Exzessen. Was unterhalb dieser Schwelle liegt, geht das Recht nichts an. Gerade beginnt sich das zu verändern. An amerikanischen Hochschulen gibt es seit kurzem das »Affirmative Consent Project«, eine Organisation, die nach einem Vergewaltigungsvorwurf an der Florida State University gegründet wurde. Das Projekt soll den Sex zwischen Studenten regeln. Die Studenten können online einen Umschlag bestellen, in ihm liegen ein »Vereinigungsvertrag«, ein Kondom und ein Pfefferminzbonbon. In dem Vertrag steht, dass die Beteiligten bereit sind, im Zustand der Nüchternheit Sex miteinander zu haben. Die Studenten sollen von sich und dem Vertrag ein Foto machen, bevor sie miteinander schlafen. Sonst wird es später schwierig, einen Vergewaltigungsvorwurf zu entkräften.

KLUGE

»Terror« ist ein Grenzfall.

SCHIRACH

Eine Schnittstelle. Wie wirkt Moral ins Recht, in die Verfassung? Und eigentlich geht es um uns, um unsere Entscheidung, wie wir in den Zeiten des Terrors leben wollen. Was sind diese »europäischen Werte«, über die immer wieder gesprochen wird? Wie bewusst sind sie uns? Wie können wir sie schützen?

KLUGE

Und es geht auch um einen Hauptbegriff der griechischen Tragödie: den Helden.

SCHIRACH

Der Held endet tragisch, er kann kein glücklicher Mensch sein. Helden scheitern, das bringt sie uns nahe. Die Zuschauer finden sich in diesem Dilemma wieder. Als Laienrichter treten sie an die Stelle des Piloten. Jetzt sind sie es, die zwischen den zwei

Pflichten wählen müssen, und ganz gleich, was sie tun – immer werden sie schuldig.

KLUGE

Ich war an dem Tag, an dem im deutschen Fernsehen Ihr Film lief, in Princeton. Auch dort redeten alle darüber.

SCHIRACH

Dieser Diskurs ist Demokratie.

KLUGE

Um 20.15 Uhr wurde vor dem Fernseher über Kant diskutiert.

SCHIRACH

Der Film war langsam, ruhig und fast ohne Farben. Danach wurde in Deutschland, Österreich und der Schweiz eine Talkshow gezeigt. Das Studio in Deutschland war rot und weiß und sehr hell. Die Gäste standen vor einem Tisch, sie redeten durcheinander. Ein Politiker regte sich so auf, dass ihm die Gedanken entglitten. Er ist ein Mann mit einer großen Lebensleistung, aber jetzt schien er überzeugt, die Fernsehzuschauer hätten tatsächlich über ein Gesetz oder die Verfassung abgestimmt.

KLUGE

Eigentlich ist das ideal, in den Köpfen der Zuschauer wird das Stück zur Wirklichkeit. Die inneren Stimmen in mir beginnen zu rufen, wie es die Kinder tun, wenn Kasper vom Krokodil bedroht wird. Man kommt einen Moment durcheinander und sortiert sich neu. Wir könnten auch andere Fälle bilden.

SCHIRACH

Natürlich. Denken Sie nur an das Problem des Pharmaunternehmens BioMartin zum Beispiel. Das Unternehmen hat ein Medikament gegen Neuronale Ceroid-Lipofuszinose entwickelt. Kinder sterben an dieser Art von früher Demenz. Das neue Medikament scheint wirksam zu sein, aber es ist noch nicht zugelassen. Es dauert zu lange, ein Kind wird die Zulassung nicht mehr erleben. BioMartin kann das Kind vielleicht noch retten. Aber wenn es trotz des Medikaments stirbt, geht das Unternehmen bankrott. Tausenden anderen Kindern wird dann nie geholfen. Wie soll sich das Unternehmen entscheiden? Soll es das eine Kind opfern zugunsten tausend anderer Kinder?

KLUGE

Die Fragen sind nicht auflösbar.

SCHIRACH

Als sich unser Bewusstsein entwickelte, sprach nichts dafür, dass wir einmal etwas anderes tun würden als unsere Vorfahren, die Affenmenschen. Wäre es nach den Regeln der Natur gegangen, hätten wir unsere erweiterten Fähigkeiten auch nur dazu benutzt, die Schwächeren zu töten. Aber wir gaben uns selbst Gesetze, wir erschufen eine Ethik, die nicht den Stärkeren bevorzugt, sondern den Schwächeren schützt. Dafür gab es kein Vorbild, nichts deutete in der Natur darauf hin, und genau das ist es, was uns im höchsten Sinn menschlich macht: die Achtung vor unserem Nebenmenschen. Vor 3000 Jahren hat der Perserkönig Kyros die Sklaven befreit, er erklärte zum ersten Mal, alle Menschen dürften ihre Religion frei wählen, sie seien trotz unterschiedlicher Herkunft gleich zu behandeln. Heute stehen Kyros' Gesetze in den ersten vier Artikeln der Allgemeinen Erklärung der Menschenrechte. Oft genug verlieren wir ja, immer wieder fallen wir zurück in das Dumpfe und Dunkle. Aber die Magna Carta, die Bill of Rights, die Verfassungen der freien Welt – das sind unsere Siege über uns selbst.

KLUGE

Sie kennen die aggressive menschliche Natur, die, wenn sie überschwappt und durch keine Institutionen gebremst wird, auch heutzutage so gewalttätig ist wie vor Äonen. Außerdem haben wir die Phantasie. Wie würden Sie die bezeichnen? Für uns Autoren ist sie unser Arbeitswerkzeug.

SCHIRACH

Die Phantasie – wie das Recht – wendet sich gegen die Natur. So erschafft sie das Menschliche. Das andere, das Tierische, ist mitleidslos, unberührbar. Die Phantasie, so gesehen, ist ein Kind der Vernunft.

KLUGE

Jetzt wird Vernunft angereichert. Ich könnte mir vorstellen, dass die Vernunft ein Himmelskörper ist, Monde und Sterne um sich herum hat.

SCHIRACH

Um sie schweben die Kunst, das Recht, die Toleranz, die Empathie und so weiter.

KLUGE

Was sind die Ingredienzien, was sind die elementaren Kräfte, die wir Phantasietätigkeit, Imagination nennen, die wiederum das Material ist, aus der die Vernunft gebaut sein muss, wenn sie nicht uns angeboren ist, in den Fingerspitzen liegt und von selbst kommt? Wächst die Vernunft auf dem Menschenacker von selbst? Da gibt es Leute, die man fürchten könnte, denen man keine guten Herrschereigenschaften zuspricht. Als Putin den Industriellen Chodorkowski freiließ, zeigte er eine Spur Großzügigkeit. In der Woche danach war davon nichts zu sehen. Was sind die Wachstumsbedingungen von Generosität? Ein ganz anderes Phänomen, auch mit Phantasie verknüpft, ist die Regression. Wenn ich versage auf einem hohen Niveau, kann ich auf einem einfacheren Platz neu anfangen.

SCHIRACH

Der Begriff der Regression stammt aus der Psychoanalyse. Ich glaube nicht daran. Wenn wir scheitern, fallen wir nicht auf eine frühere Entwicklungsstufe zurück. Wir haben in diesem Scheitern nur eine andere Seite unserer Persönlichkeit offenbart. Das ist ein Problem, das mich beschäftigt. Wie können wir sicherstellen, dass solche grauenhaften Anteile unserer Persönlichkeit nicht wieder erwachen? Die Akademiker-Korps der Nazis verübten in den Ostgebieten die schlimmsten Verbrechen. Es waren Apotheker, Rechtsanwälte, Ärzte,

Geisteswissenschaftler. Bildung kann uns nicht retten, sie hat es noch nie getan, auch nicht Literatur, Musik oder Kunst. Wenn es zum Schlimmsten kommt, nutzen sie nichts, sie sind keine Garantien für Menschlichkeit, sie errichten keine Grenzen. Aber was, lieber Herr Kluge, was hilft uns dann?

KLUGE

Der Tigris ist ein gewalttätiger Fluss, anders als der Euphrat. Beide Flüsse wurden in der Antike durch Kanalbau gezähmt. Diese früheste Zivilisation ist wieder verschwunden. Aber es ist ein herrlicher Eindruck, das reißende Wasser der Flüsse in viele Kleinbäche verteilt zu sehen und darum herum: gartenartige Landwirtschaft. In der Überlieferung soll der Paradiesgarten zwischen Euphrat und Tigris gelegen haben. Das Paradies entstand aus menschlicher Organisation.

SCHIRACH

Ein wunderbares Bild. Das Wilde ist die französische Revolution, die Exzesse, die Unbarmherzigkeit, die Brutalität und Gemeinheit. Jeden Tag neue Regeln, neue Überzeugungen, immer Schnellschüsse, die oft tödlich sind. Der moderne Staat geht in die Breite. Gewalt verwässert sich so.

KLUGE

Nehmen Sie die ruhige Zeit nach 1815. In dieser Zeit haben sich herausragende Opern- und Theatertraditionen entwickelt. Die Epoche bringt die Romane Balzacs hervor. Damit die Menschen es aushalten können in dieser relativen Ruhe, damit die mahlenden Erdbeben der Zeitgeschichte nicht alles zerreißen, brauchen sie an der Phantasiefront die sogenannten spanischen Schreckensdramen. Sie ähneln der »Familie Schroffenstein« von Kleist. Die Grausamkeit auf dem Theater, Friede in den Hütten.

SCHIRACH

Umwälzungen, Erschütterungen, Krisen lassen anschließend großes Theater und große Literatur entstehen.

KLUGE

Im Ersten Weltkrieg haben Sie ein Nullsummenspiel an Literatur, an Oper. Es gibt kein Stück bis heute, das den Ersten Weltkrieg adäquat wiedergibt.

SCHIRACH

Aber es gibt Romane. Denken Sie nur an »Im Westen nichts Neues«. Stefan Zweig nannte dieses Buch: »ein vollkommenes Kunstwerk und unzweifelhafte Wahrheit zugleich«. Es erschien elf Jahre nach Kriegsende, 1929.

KLUGE

Ich sage nicht, dass die Kunst Ruhe braucht, sondern dass Menschen in Zeiten, in denen sie nicht zermalmt werden und ihre eigenen Aggressionen auch nicht aus dem Stau selber entlassen, kompensatorisch tätig sind und ein großes Vergnügen haben, wenn die Toten im fünften Akt einer Oper fallen und nicht im Leben. Nehmen Sie den Siebenjährigen Krieg: zwei einsame Stücke von Lessing. Aber sonst findet sich keine Antwort darauf.

SCHIRACH

Es stimmt trotzdem, Erschütterung ist notwendig, um schreiben zu können. Aus ihr entsteht Wahrheit. In Michael Hanekes Filmen gibt es auch keine Metaphern und keine Symbole, so wie es im Leben keine Metaphern und Symbole gibt. Alles ist nur das, was es ist. Es ist nicht notwendig, die Dinge immer zu beurteilen.

KLUGE

Könnte man sagen, dass eine Rückverlagerung entstehen könnte? Wir haben eine wirre Welt im Moment, unheimlich, aus den Fugen.

SCHIRACH

Sie ist aus den Fugen, aber wir spüren das nicht im täglichen Leben. Noch nicht. Es wird nicht mehr lange dauern, dann werden sich Theater und Literatur verändern. In Griechenland, in Rom und ganz sicher auch zur Zeit von Lessing oder Schiller war das Theater auch ein Ventil. Denken Sie nur an »Die Räuber«. Schillers Freund schrieb damals: »Das Theater glich einem Irrenhause, geballte Fäuste, stampfende Füße, heisere Aufschreie im Zuschauerraum! Fremde Menschen fielen einander schluchzend in die Arme, Frauen wankten, einer Ohnmacht nahe, zur Thüre. Es war eine allgemeine Auflösung wie im Chaos, aus dessen Nebeln eine neue Schöpfung hervorbricht.«

KLUGE

Schriftsteller müssten zweierlei tun: Sie schreiben Texte – das machen sie als Autoren, als Monaden, von ihren Lieblingsideen her oder ihrem Engagement. Zweitens sollten wir uns dahin verbünden, dass wir eine *Topographie der guten Geister* entwickeln, eine Landkarte, wo man den Stechlin findet mit Fontane. Wie sieht ein spirituelles GPS aus? Eines, das von Fontane zu Montaigne zurück und zu Thomas Mann vorwärts führt? Bei Montaigne geht es um verblüffend praktische Erfahrungen. Er spricht von dem Kommandanten einer Festung, der kapitulieren will, die Festung dabei aber nicht verlassen sollte. Wie prekär, wie schwer ist es zu kapitulieren! Das gilt nicht nur im Krieg. Sie haben einen familiären Konflikt übelster Sorte. Wie können Sie die Kränkung reduzieren? Wie können Sie Frieden schließen? Montaigne sagt, indem Sie die Festung, Ihre Identität, nicht aufgeben.

SCHIRACH

Sokrates, Cicero, Voltaire, Montaigne verstanden sich auf den Menschen, auf seine Widersprüchlichkeit. Sie verurteilten nicht. Das Leben wird ja auch tatsächlich viel interessanter, wenn Sie beobachten und nicht dauernd alles einordnen. Das ist keine neue Erkenntnis. In »Jenseits von Gut und Böse« sagt Nietzsche, der Philosoph solle unphilosophisch, unweise und vor allem unklug leben, er müsse die »Last und Pflicht zu hundert Versuchen und Versuchungen des Lebens« spüren. Bei Montaigne führt das zu einem geglückten Leben, zu einer gelassenen, großzügigen Heiterkeit, trotz der Dunkelheit seiner Zeit.

KLUGE

Jetzt muss ich ein Wort zu Ihrer Metapher sagen. Hanekes Ergebnisse sind immer negativ und pessimistisch. »Das weiße Band« endet unheimlich mit dem Ausbruch des Ersten Weltkriegs. Ich liebe diesen Meister, aber er gehört, meine ich, zu den größten Pessimisten des Jahrhunderts. Mich würden die Auswege interessieren und nicht die Wahrheit.

SCHIRACH

Es geht um etwas anderes, glaube ich. Um »Funny Games« zu sehen, brauchte ich vier Anläufe. Ich ertrage diesen Film kaum. Aber danach verstand ich, was Gewalt eigentlich bedeutet. Oder denken Sie an »Caché«. Ich war schon zehn Jahre Strafverteidiger, als ich den Film sah. Im Kino begriff ich zum ersten Mal, was individuelle Schuld wirklich ist. In »Liebe« tötet der Mann seine demenzkranke Frau. Der Zuschauer verlässt das Kino und denkt anders über die Welt nach. Haneke zwingt uns dazu.

KLUGE

Das Spinnengewebe der Phrasen ist einmal unterbrochen.

SCHIRACH

Sie sehen Schreckliches, aber es geht um das, was in Ihrem Kopf stattfindet. Das ist kein Pessimismus. Es ist das Gegenteil.

KLUGE

Ein Vakuum hat die höchste Potenz. Um noch einmal auf die Verschränkung zu kommen, die gehört zu den großen Geheimnissen der theoretischen Physik. Diese Verschränkung ist das, glaube ich, was wir bei der Beobachtung wiedererkennen können als spirituell. Es gibt Koinzidenzen, Zusammenhänge.

SCHIRACH

Es gibt diese Dinge, die wir nicht erklären können und für die wir keine Sprache kennen.

KLUGE

Ich glaube, dass unsere Intelligenz ein Fluchttier ist von Hause aus und sich retten will. Wenn ich meine Schwester hätte retten können, wäre mir jede Unwahrheit recht gewesen. Sie haben mir vor Haneke noch mehr Respekt eingeflößt. Aber es gibt etwas, was er nicht macht und auch nicht will. Das ist die bedingungslose Suche nach Auswegen. Es geht um eine ärztliche Tugend. Jemand gilt als unheilbar krank, und wir finden doch einen Trick gegen die Natur.

SCHIRACH

Für mich ist dieser Ausweg Güte. Wenn ich heute diesen »FAZ-Fragebogen« ausfüllen und sagen müsste, was ich bei einer Frau oder bei einem Mann am meisten schätze, würde ich nicht Intelligenz, Schönheit usw. nennen. Es ist *Güte*.

KLUGE

Sie nähern sich der Komödie stark, wenn Sie in Realverhältnisse einen gütigen Menschen einfügen. Er wirkt wie Don Quijote.

SCHIRACH

Nein, überhaupt nicht. Güte hat eine andere Qualität. Wenn Sie sich Kreon als gütigen Menschen vorstellen, wird die Antigone nicht zu einer Komödie, sondern zu einem Stück von Lessing. Güte ist nichts Komödiantisches, man kann ihr nicht mit Ironie begegnen. Wenn wir sehr jung sind, staunen wir, dann später, als Heranwachsende, machen wir uns über alles lustig. Viele Menschen ändern das nicht mehr, aber ich glaube nicht, dass ein Künstler sich zynisch zur Welt verhalten kann. Güte ist jedenfalls der Ausweg, den Sie bei Haneke suchen.

Die Tochter des Ödipus, eine rücksichtslose Adlige, wollte nicht einsehen, dass einer ihrer zwei Brüder – die beiden Streithähne hatten Theben durch Bürgerkrieg verwüstet – zur Mahnung und zum Beweis, dass der Grund für den Bürgerkrieg endgültig entfallen sei, tot auf dem Gefechtsfeld liegen bleiben sollte, den »Geiern zum Fraß«. Die Thebaner hatten zu diesem Zeitpunkt die Problemkinder aus dem Geschlecht des Ödipus, der schon genug »Fluch der Götter« über die Stadt gebracht hatte, gründlich statt. Insofern stand hinter der Sanktion: kein Begräbnis, sondern Skelettierung durch das wilde Raubzeug, die ganze Volkswut, nicht bloß die Willkür des Staatsführers Kreon. »Der offenbare Geist hat die Wurzel seiner Kraft in der Unterwelt.« Mit der unsäglichen Macht der Unterwelt reißt Antigone den Sohn des Kreon, ihren Verlobten Haimon, mit sich in den Tod. Kreon wird durch Nachwuchslosigkeit bestraft, mit Unfruchtbarkeit. So fegt ALTES RECHT das NEUE RECHT »wie mit Zornesaugen, wolkengleich und trümmergroß« aus dem Weg. Es gibt aber auch in uns Menschen eine innere Kraft, die der Dramatisierung entgegenwirkt. Auch sie kommt aus dem Oikos, den Familien. Sich selbst zu zerstören ist nicht einfach. Es gibt einen Vers des New Yorker

Lyrikers Ben Lerner. Er spricht von den »sieben Verlangen des Körpers nach Auftrieb«. Die Lunge und sechs weitere Triebe im Menschen wehren sich gegen das Ertrinken. Ein Selbstmörder, heißt es, muss sich mit schweren Marmorplatten behängen, damit er im Brunnen oder See untergeht. Die Körper revoltieren.

SCHIRACH

Niemand kann sich selbst erwürgen oder die Luft anhalten, bis er stirbt. Unser Wille reicht nicht, die Natur ist stärker.

KLUGE

Es gibt bei der Produktion von Güte, von Mut und Mutfähigkeit, gelegentlich Frauen, die bittere Erfahrungen gemacht haben: Herzeloyde zum Beispiel bei Wolfram von Eschenbach. Diese Mutter Parzivals hat ihren Mann verloren. Er hat nicht abgewartet, bis das Kind geboren ist. Er musste wieder auf Fehde gehen. Sie will Antirealistin sein. Ihr Sohn soll nicht so werden wie der Vater. Er soll ein neuer Mensch sein, kein Rittertyp, der die alten Rituale wiederholt. Ich kann mir Frauen von 1942 oder 1945 vorstellen, die ihre Männer verloren haben und jetzt sagen: Das wird gründlich anders. Wir rüsten unsere Jungen anders aus, als homo novus. Man nennt das Mutterwitz, diese Voraussicht, die Mütter manchmal haben, wenn sie wissen, gleich fliegt das Kind hin. Mutterwitz heißt: Flieg hin, lern was draus. Diesen Mutterwitz finde ich eine anziehende und eine die Gesellschaft verändernde Eigenschaft, die aber offenkundig im Fall von Herzeloyde und Parzival nicht funktioniert. Es ist eine Spezialform der Güte, der Voraussicht und der Warnung. Kassandra wäre ein Typ des Mutterwitzes oder des weiblichen Witzes, wäre ihre Botschaft nicht als Hoffnungslosigkeit verschlüsselt.

SCHIRACH

Kassandra bei Seneca ist nicht gütig, sie freut sich über die Ermordung Agamemnons. Den Begriff der Güte zwischen Staaten gibt es nicht, Staaten sind nie Freunde. Bestenfalls sind sie Partner auf Zeit, sie haben gemeinsame Interessen, die sich wieder ändern. »Unter Freunden geht das gar nicht«, sagt Angela Merkel, als bekannt wird, dass der amerikanische Geheimdienst ihr Handy abhört. Das ist Unsinn, solche Freundschaften gibt es nicht. Die Kanzlerin ist selbst für ihr Telefon verantwortlich, so wie der amerikanische Präsident für seine Kommunikation verantwortlich ist. Was es aber gibt, ist der Staatsmann, der gütig handelt.

Er öffnet zum Beispiel in der Not die Grenzen in Ungarn.

KLUGE

Die Menschen werden in den Familien erzogen, anders kennen wir es nicht. Wenn wir es in Schulen machen würden statt in Familien?

SCHIRACH

Das würde schiefgehen. Bei den Spartanern wurden die Jungen in Kasernen erzogen, ihre Mütter und Schwestern mussten draußen vor der Stadt leben. Institutionen können nicht erziehen, sie sind kalt. So werden Krieger gezüchtet. Wir brauchen Wärme und Schutz, wir müssen geborgen sein und uns angenommen fühlen. Gesellschaftliche Einrichtungen können das nicht bieten. »Homo sum: humani nil a me alienum puto«: Ich bin ein Mensch, nichts Menschliches ist mir fremd. Der Satz stammt aus einer Komödie, deren Ursprünge auf Menander zurückgehen. Menander beschrieb das Leben der kleinen Leute seiner Stadt, Nachbarschaftsstreitigkeiten und ähnliches. Obwohl komisch gemeint, liegt in diesem Satz der tiefste Grund für Güte: Wir sind Menschen. Cicero hat es später ganz ähnlich gesagt: Ein Mensch dürfe einem anderen Menschen schon allein deshalb nicht als Fremder gelten, weil er ein Mensch ist. Er hat recht. Das kann zwar manchmal schrecklich anstrengend sein, aber es anders zu sehen, kommt mir albern vor.

KLUGE

In Ihrem Buch »Der Fall Collini« haben Sie beide Ebenen zusammen. Ich sehe zwei Linien des Theaters, wobei ich sage, die zweite, die Seite der Intimität der Familien, der Personen, muss Oper sein. Sie brauchen das Unmögliche und den Umgang mit dem Unwahrscheinlichen. Das kriegen Sie über die Musik. Sie brauchen außerdem die rationale Seite für die republikanische Tugend des diskursiven Theaters.

POLITIK
oder das Lob der Langsamkeit

KLUGE

Sie halten die Festrede bei den Salzburger Festspielen.

SCHIRACH

Die Festspiele dieses Jahr zeigen Gesichter der Macht. Die Macht der Vergebung, die Macht der Besiegten, die Macht der Frauen und die der Gewalt. Es ist ein Programm für unsere Zeit. Stefan Zweig beschreibt in der »Welt von Gestern« eine Szene, an die ich in diesen Tagen immer wieder denken muss. Er sitzt auf einer Bank im Badener Kurpark bei Wien, wie immer ein wenig abseits der Menge. Die Frauen tragen helle Sommerkleider, der Tag ist lind und wolkenlos und von sattem Grün. Er liest und hört, halbbewusst nur, der Kurkapelle zu. Plötzlich bricht die Musik mitten im Takt ab. »Instinktiv sah ich vom Buche auf. Auch die Menge, die als eine einzige flutende helle Masse zwischen den Bäumen promenierte, schien sich zu verändern; auch sie stockte plötzlich in ihrem Auf und Ab. Es mußte sich etwas ereignet haben.« Das Ereignis gilt als Auslöser des Ersten Weltkriegs, es war die Ermordung des österreichischen Thronfolgers. Heute stehen wir wieder an einer Schwelle. Wieder geht es um Macht, aber jetzt ist sie ganz anderer Natur, sie wurde von den Librettisten der Opern nicht beschrieben. Sie ist jetzt unsere höchste Autorität, sie wurde zur Grundlage aller modernen Staaten, und sie lässt sich in einem einzigen Satz zusammenfassen: »Alle Macht geht vom Volke aus.«

KLUGE

Nach der Französischen Revolution von 1789 haben wir 1832 die Revolution von Louis-Philippe, die lustig wirkt gemessen an der Großen Französischen Revolution. Das ist ein Bürgerkönig, der freie Markt ergreift die Macht, die Familie Rothschild, wenn man so will. 1848 folgt dann eine traurige Revolution in Frankreich. Ich rede nicht von der deutschen und der badischen. In Frankreich werden die Vorstädte, das Quartier Saint-Antoine, im Stich gelassen von den Gebildeten und der inzwischen etablierten bürgerlichen Gesellschaft. Als Ergebnis der Revolution: Napoleon III. So könnte man bis hin zu dem Arabischen Frühling in Kairo die enttäuschende Geschichte der Revolutionen erzählen. Wo eine Revolution glückt und längere Zeit dauert, war sie ein Putsch, 1917 zum

Beispiel. Auch die Umwälzung von Mao können Sie nicht ernsthaft eine Revolution nennen. Das ist ein zehnjähriger Kampf, und eine Armee übernimmt einen Staat. Wo aber das Volk die Macht erobert, erweist es sich als schwer, diese Macht zu halten. Was tut man am Tag *nach* der Revolution? Das ist die entscheidende Frage. Da bräuchte man Schulen für Revolutionäre, Kantone des guten Willens. In der Schweiz sind viele Sprachen, viele Religionen in Kantonen vereinigt. Eine gute Revolution ist nicht unter 800 Jahren zu haben.

SCHIRACH

Die Revolution selbst ist nur der Nadelstich. Wie die Tat beim Kapitalverbrechen. Ob das Messer, der Revolver oder das Handtuch tötet, ist eine Randfrage. Der Terror des Robespierrc, die vielen Geköpften, das Leid, die Ungerechtigkeit – das alles ist nur erschreckend und scheußlich. Die Frage, wie es dazu kam und wie sich die Gesellschaft danach entwickelte, ist interessanter.

KLUGE

Wir beide sind nicht Richter darüber, wir sind nur Beobachter. Der Beobachter ist in dieser Frage nicht neutral. Ob es Fortschritt und Emanzipation gibt, kann mir nicht gleich sein. Die Französische Revolution wird in ihren Errungenschaften schnell ausgeraubt, das beschlagnahmte Vermögen der Kirche und des Adels wird unter die Leute gebracht und geht in der Inflation der Assignaten unter. Balzac beschreibt die Reichen, die Kriegsgewinnler der Revolution. Das würde Luigi Nono mit einem Requiem begleiten. Nehmen Sie an, es gäbe inmitten der Revolution (1917 könnte ich Ihnen das zeigen) kleine Enklaven der Solidarität. Zum Beispiel im Medizinwesen. Verblüffend ist, dass von Anfang an, noch ehe die Elektrifizierung Sibiriens gelingt, Raumfahrt und Astronomie im Katalog der Revolutionäre ganz vorn stehen. So entsteht später die Raumkapsel MIR, ein robustes Gerät, das nicht zu zerstören ist. Sie finden von Anfang an in der Russischen Revolution die Idee: Wir erobern die Sterne. Die Revolutionäre nannten sich Biokosmisten. Wir müssen uns emanzipieren, hieß es, und außerdem die Toten wiederbeleben, denn die sind ungerecht behandelt worden. Das geht nur mit Hilfe der Sterne. Da gibt es eine Briefmarke. Darauf ist einer abgebildet, der aussieht wie Trotzki. Der sät Getreide aus, und aus den Ähren fliegen Flugzeuge zum Himmel. Das sind Phantasmagorien. Ein Embryo hiervon, der 300 Jahre lang als Subtext lebt, könnte bei der nächsten Revolution Junge zeugen. Das gehört alles zu der Frage: Was ist im 21. Jahrhundert Dichtung und Theater? Was machen die Künste? Bei der letzten großen Krise eroberten 1453 die Osmanen Konstantinopel. Gelehrte, das Wissen der Antike in ihrem Kopf, müssen nach Italien fliehen. Dort herrscht der robuste Menschenschlag der Vorrenaissance. Oft Räuberhauptleute, Aufsteiger wie die Sforza. Erst heiraten sie, dann töten sie, dann gehört das Staatswesen ihnen. Wir sehen eine Welt der Renaissance, in der die Menschen in Not kommen, Wissensflüchtlinge auftreten, und plötzlich entsteht ein Jahrhundert der Erfindungen. Zu diesen Erfindungen gehören die *Wunderkammern für Kunst und Wissenschaft*, die einen Adelshof, eine selbstbewusste Stadt, auszeichnen. Wäre es möglich, dass wir in unserem unheimlichen 21. Jahrhundert erneut solche Wunderkammern einrichten, in denen die Spezialisierung nicht gilt?

SCHIRACH

Die Wunderkammern erstaunten die Besucher. In der Sammlung des Kurfürsten in Berlin gab es Straußeneier, das Horn des Einhorns, einen Spiegel aus dem Licht des Nordens, den Kokosnusspokal von Alexander von Humboldt, Erd- und Himmelsgloben, Elfenbeinschnitzereien – kurz, die ganze unerklärliche Fülle der Welt. Ich bin in Häusern aufgewachsen, die voll von solchen Dingen waren. In »Tabu« habe ich die Kindheit von Sebastian von Eschburg beschrieben, die meiner sehr ähnlich ist. In der Eingangshalle standen Schirmständer aus Elefantenfüßen, mittelalterliche Saufedern hingen an der Wand, zwei ausgestopfte Krokodile lagen im Flur des ersten Stocks, ineinander verbissen, eines hatte ein Glasauge verloren, dem anderen fehlte ein Teil seines Schwanzes. Ein ausgestopfter Braunbär stand im Hauswirtschaftsraum, am Bauch waren ihm fast alle Haare ausgefallen. Es gab Trommeln, Naturhörner und Lamellophone aus dem Kongo, afrikanische Fruchtbarkeitsgötter aus Ebenholz, Heiligenbilder aus Polen und Russland, vergrößerte Briefmarken aus Indien, Tuschzeichnungen aus Japan, chinesische Pferdchen aus Holz, die gelben Fangzähne eines Eisbären, den Kopf eines Schwertfisches und so weiter. Heute gibt es diese Welt meiner Kindheit nicht mehr, die Haushalte wurden aufgelöst, die Häuser und der Park verkauft. Das bernsteinfarbene Licht ist verschwunden. Unsere Zeit scheint weniger geheimnisvoll, aber oft verstehe ich nicht, warum. Wir fliegen heute wie griechische Götter auf einem Sessel durch die Wolken und landen acht Stunden später in New York. Wir halten eine Glasscheibe ans Ohr und sprechen mit jemandem in Kyoto. Wir verpflanzen das Herz eines Hirntoten in einen anderen Körper und wir wissen, wie der Mond riecht (nach nasser Asche). Wir haben nur das Staunen verlernt. Vielleicht ist das der Preis der Aufklärung und der Vernunft. Aber wollen wir wirklich zurück? Noch einmal Inquisition, noch einmal Dreißigjähriger Krieg, zurück zu den Verwüstungen, dem Hunger, dem Dreck und der Kälte? Das Volk als Souverän war nach langer Dunkelheit eine strahlende, eine ganz und gar menschenfreundliche Idee. Sie ist das Beste, was wir haben, erst durch sie wurden wir frei.

KLUGE

Das Volk muss zu sich selbst kommen.

SCHIRACH

Und das ist schwierig. Rousseau glaubte, der Volkswille würde stets die richtige Entscheidung treffen. Seine Souveränität, schrieb er, könne nicht vertreten werden. Jedes vom Volk nicht persönlich ratifizierte Gesetz sei nichtig. Technisch wäre eine ständige Mitbestimmung heute kein Problem. Man kann sich eine BundesApp vorstellen, der Bürger stimmt abends nach der Tagesschau über die Politik ab. Und nach Rousseau können ja

Trump, Putin, Erdogan oder der Brexit gar nicht falsch sein – eben weil die Menschen sich so entschieden haben. Aber stimmt das wirklich? Oder lehrt uns die Vergangenheit etwas anderes? Man könnte denken, wir leben in besseren, in klügeren Zeiten. Heute ließen sich die Bürger nicht von Emotionen leiten, sondern von dem, was gerecht und vernünftig ist. Volksentscheide würden so zu den richtigen Ergebnissen führen. Ich fürchte, die Wirklichkeit ist weit davon entfernt. Social Bots, also kleine Programme, die so tun, als seien sie Menschen, sind selbstständig in der digitalen Welt unterwegs. Sie sind leicht zu programmieren, innerhalb von Sekunden können sie tausende Kommentare schreiben und so die Stimmung im Internet verändern. Sie wurden beim Brexit, in der Ukraine und im amerikanischen Wahlkampf eingesetzt. Nach einer Studie der Universität Oxford soll in der ersten TV-Debatte zwischen Clinton und Trump etwa jeder dritte Follower ein solcher Social Bot gewesen sein. Das Büro für Technikfolgen-Abschätzung beim Deutschen Bundestag sagt, Menschen, die mit Social Bots kommunizieren, würden diese als echte Internetteilnehmer wahrnehmen und sich der Manipulation nicht bewusst werden. Die 18- bis 24-Jährigen bevorzugen bereits heute die Sozialen Medien und das Internet, um sich über das Tagesgeschehen zu informieren. 2016 gaben in Deutschland rund 57 Prozent der befragten Facebook-Nutzer an, dass sie sich bei Freunden auf Facebook über politische Themen informieren würden. Ihre Meinung wird so immer wieder bestätigt, egal, wie falsch sie ist, weil sie sich immer in der gleichen Gruppe bewegen. Das ist enorm gefährlich.

KLUGE

Wenn ich eine Meinung habe, werde ich die Gegenthese bilden und mich an ihr abarbeiten. Wenn ich das nicht kann, muss ich weiter prüfen. »Freiheit ist immer Freiheit der Andersdenkenden«, sagt Rosa Luxemburg.

SCHIRACH

Oft fällt uns das schwer. »Ich missbillige, was du sagst, aber würde bis auf den Tod dein Recht verteidigen, es zu sagen.« Der Satz wird Voltaire zugeschrieben, er stammt von Tallentyre, seiner Biographin. Wir können aus Empathie oder aus Angst tolerant sein. Wir können Toleranz aber auch ganz anders begründen: Wenn ich sage, alle Schwäne sind weiß, ist das eine Hypothese. Hypothesen lassen sich nicht beweisen, nur widerlegen. Sobald ein schwarzer Schwan auftaucht, stimmt mein

Satz nicht mehr. Aber, und das ist entscheidend, auch wenn ich nie in meinem Leben einen schwarzen Schwan sehe, ist damit nicht bewiesen, dass es ausschließlich weiße Schwäne gibt. Ich muss begreifen, dass ich an der Erfahrung scheitern kann. Wenn ich das verstanden habe, werde ich tolerant.

KLUGE

Das ist der Charme dieser Wiener Schule, die aus Emigranten besteht, in Oxford sich hält, bei lauter pragmatischen Engländern. Ich muss mehr Irrtümer begehen und sie dann widerlegen, um mehr zu wissen.

SCHIRACH

Veränderungen sind ja nicht falsch. Die amerikanische Verfassung wurde bisher 27 Mal geändert, das deutsche Grundgesetz 60 Mal. Das ist ein Wesenszug der Demokratie, eine offene Gesellschaft muss sich entwickeln dürfen. Und sie tut es auch, vieles ist erfreulich. Wir leben in der liberalsten Zeit, die es je gab. Denken Sie nur daran, wie anders heute die meisten Menschen über Frauendiskriminierung und Rassismus denken, oder daran, dass Homosexuelle jetzt heiraten können. Aber wie machen wir weiter? Wie verlieren wir das nicht alles wieder? Ich glaube, wir dürfen nur in sehr kleinen Schritten gehen, Schritte, die wir jederzeit wieder korrigieren können. Das beste Prinzip ist Versuch und korrigierbarer Irrtum. Revolutionen, Welterklärungen, alle einfachen Wahrheiten sind anziehend. Aber sie richten schnell Katastrophen an. Die Köpfe, die eine Guillotine abtrennt, lassen sich nicht wieder annähen. Ich glaube, die Linie von Sokrates zu Karl Popper verläuft genau dort: Nur wenn wir verstehen, dass wir nichts sicher wissen, bleiben wir vorsichtig.

KLUGE

Das bezieht Ihre Texte mit ein, wenn Sie sagen, hier gibt es eine menschliche Natur. Die ist so gewachsen, dass es in Ägypten zum Beispiel das Wort für Frieden nicht gibt. Erst später, durch lauter kleine Schlichtungen und die Erfahrung mit solchen Schiedsgerichtsbarkeiten, entwickelt sich die Fähigkeit, einen Sachverhalt einzugrenzen, litis contestatio. Innerhalb dieses kleinen Kreises beobachte ich ein Gottesurteil. Das wäre die einfachste Sache: Wer gewinnt mit seinem Schwert, hat recht. Jetzt komme ich einen Schritt weiter. Es geht um die Argumente, die offensichtlich in diesem umgrenzten Raum mit festgestelltem Sachverhalt, mit einer Verfahrensordnung, die Umstehenden, zunächst adligen Herren, besser überzeugen. Das ersetzt den Zweikampf. Das sind endlose Schritte, die bis in die Gegenwart führen könnten, aber, wenn sie versagen, wiederholt werden müssen. 1945 hätten wir nach dem Dritten Reich die Kette vom Gottesurteil bis zur Wissenschaft noch mal neu zurücklegen müssen.

SCHIRACH

Wie furchtbar das wäre. Mich interessiert der Einzelne, Herr Kluge. Kann es mitten im Peloponnesischen Krieg, mitten in der Französischen Revolution diesen einen vernünftigen Menschen geben, der »nein« sagt? Der erklärt, was wir tun, ist unmenschlich und dass wir sofort aufhören müssen? Und wenn es ihn gibt, kann dieser Mensch die Weltgeschichte verändern und noch einmal das Ruder herumreißen?

KLUGE

Es könnten sogar sieben davon sein. Die NSDAP ist mit sieben Leuten begründet. Dann kann man die entschiedene Gegenpartei auch mit sieben Leuten organisieren. Jetzt stelle ich mir einen Abkömmling der Phönizier in Tyros vor, das zu Syrien zählt, einen Aramäer. Er spricht die Sprache der Mutter Maria. Dazu zwei Kurden, Nachkommen unehelicher Ururenkel von Saladin II. Das sind vielleicht Glücksträger. Sie könnten eine andere Überlieferung der Vernunft zu uns bringen als die unsere. So erfinderisch wie der Erfinder von Apple, der ein Syrer ist.

SCHIRACH
Am Ende ist es immer der eine »Nathan«, der sagt: »Nein, das ist falsch.« Die eine Stimme, die sich dem Chor der Aufgeregten entgegenstellt. Es geht um diese einzelnen Menschen. Hans-Peter Kaul war Richter am Internationalen Strafgerichtshof in Den Haag. Er sagte, er sei Pazifist, denn jeder militärische Einsatz führe zu Verbrechen gegen die Menschlichkeit. Ich glaube, das stimmt. Es gibt keinen Krieg ohne Verbrechen. Heute finden sie meist auf anderen Kontinenten statt, deshalb sehen wir kaum hin, sie werden uns immer gleichgültiger.

KLUGE
Nietzsche spricht von Fernliebe. Nächstenliebe ist relativ leicht, sagt er, aber Fernliebe ist Empathie.

SCHIRACH
Stellen Sie sich vor, in Ihrer Straße verunglückt ein Schulbus. Vier der Kinder sterben. Ein Busunfall in Nepal, bei dem 40 Kinder sterben, berührt Sie weniger. Ich bin nicht sicher, ob Nietzsche recht

hat. Wenn ich ihn richtig verstehe, ist bei ihm der empathische Mensch leer, ein Wesen ohne Kontur. Solche Selbstlosigkeit führt letztlich zur Selbstaufgabe. Mitleid macht den Menschen aus, aber Mitleid bis zur Selbstaufgabe ist falsch und hilft in Wirklichkeit niemandem.

KLUGE

Wenn eine Zelle sprechen könnte, also eine von den paar Milliarden, die wir in uns herumtragen, würde sie sagen: Ich lasse herein und ich grenze ab.

SCHIRACH

Die Entstehung der Zellwand ist der Ursprung des Lebens.

KLUGE

Abgrenzung bedeutet auch, dass unsere Darmflora, 1,5 Kilo schwer, nicht überall eindringt. In den Darmzotten ist sie gut angesiedelt und so individuell wie ein Fingerabdruck.

SCHIRACH

Die Sprache der Mediziner ist oft unerträglich. Sie sagen, ein Neugeborenes sei bedeckt von »Käseschmiere«. Oder sie sagen Sätze wie: »In den Drüsen der Darmzotten in der Dünndarmschleimhaut werden jeden Tag zweieinhalb Liter Verdauungssaft produziert.« Wenn man ins Detail geht, ist der Mensch nicht schön. Die ganze Konstruktion ist seltsam. Schon die abstehenden Füße, damit er nicht vornüberkippt.

KLUGE

Nicht mal Gleichgewicht kann er wirklich halten. Er dreht sich immer um seinen Mittelpunkt. Er ist verpflichtet sich zu schämen. Ich stelle mir Hieronymus im Gehäuse vor. Das ist ein Dichter, der Texte fälscht, abschreibt, und dabei fällt ihm etwas ein. Dieser Poet hat seine Kleidung an, eine zweite Haut, dann hat er um sich herum das Buch, das ist ein zweites Kleid, das schützt ihn wie ein Zauberkreis. Darum ist ein Kloster, das ihn schützt, und eine Klosterkorrespondenz mit anderen Klöstern, die sind auch schützend. Dann gibt es noch das Kirchenrecht, das wie ein großer Kokon über dem Ganzen sitzt, und den Orbis, die Möglichkeit nach außen zu schreiben. Die Bücher in der Welt zu verteilen, ist noch mal ein Kokon. So ist er in lauter Zellwände und Häute eingekleidet, wenn er da einsam für sich dichtet. Wenn die Grenzen geachtet werden, kann er alles hereinlassen, was kommt an Flüchtlingen, ohne sich selbst zu verlieren.

SCHIRACH

Wenn wir wissen, wer wir sind, können wir es zulassen.

KLUGE

Wir haben die ganze Zeit von der Flüchtlingsfrage geredet.

SCHIRACH

Über nichts anderes. Udo Di Fabio, ein ehemaliger Richter am Bundesverfassungsgericht, schrieb ein Gutachten über die Flüchtlingsfrage. Er geht darin von der so genannten »Drei-Elemente-Lehre« aus. Danach besteht ein Staat aus Staatsgebiet, Staatshoheit und Staatsvolk. Nun sei unser Staatsgebiet heute nicht mehr sicher, sagt Di Fabio, weil die Grenzen längst aufgeweicht seien. Dadurch werde es auch schwieriger, noch Staatsgewalt auszuüben. Di Fabio hat recht, er ist einer der klügsten Juristen des Landes. Aber die »Drei-Elemente-Lehre« stammt aus dem 19. Jahrhundert. Ist sie noch aktuell? Leben wir nicht längst in einer ganz anderen Wirklichkeit? Viele Staaten haben nur eine grüne Grenze, in Afrika wissen Sie oft nicht, in welchem Land Sie gerade stehen. Trotzdem würde niemand auf die Idee kommen zu behaupten, das seien keine Staaten. Natürlich, wir können in Europa nicht so leben, dafür sind die Verhältnisse viel zu kompliziert. Und es wurden Fehler gemacht, Gesetze wurden nicht eingehalten, die Verwaltung hinkte hinterher, es gab keine gemeinsamen europäischen Richtlinien in dieser Frage. Auch wenn es menschlich richtig war, die Fliehenden aufzunehmen, scheint es mir politisch nicht klug zu sein, die anderen europäischen Länder bei der Flüchtlingskrise so unter Druck zu setzen, wie wir das tun. Es ist jedenfalls völlig falsch, zu den Nationalstaaten zurückzukehren. Die großen Probleme unserer Zeit – Terrorismus, Flüchtlinge, Wirtschaft – können Einzelstaaten heute kaum mehr lösen. Wie immer geht es nur um das richtige Maß. Wir müssen die Mitte finden, dann stimmt auch der Satz von Angela Merkel wieder: Wir schaffen das. Es muss ein europäischer Satz werden.

KLUGE

Diese Mitte ist oszillierend, selber ein Extrem und nicht häufig. Es gibt bei Hölderlin einen Satz, der mich beeindruckt. Er bezieht sich auf die Antigone: »Klugheit ist die Kunst, unter verschiedenen Umständen getreu zu bleiben.« Da hat man das Maßverhältnis.

SCHIRACH

Bei der Flüchtlingsfrage wäre das die Treue zur Verfassung. Aber was ist überhaupt dieses richtige Maß? Wie finden wir es? Es ist ja nicht die mathematische Mitte zwischen den Extremen. Am Ende von Voltaires großem Roman, bestellt Candide seinen Garten. Er ist jetzt kein Optimist mehr, aber auch kein Pessimist. Er ist ruhig geworden, vermutlich ist er glücklich, zumindest zufrieden.

KLUGE

Wenn er die Ich-Schranke senkt, wenn er nicht Dompteur, sondern Gärtner ist, kann er einen Funken in sich mit einem Funken von einem anderen, einen Splitter in sich, in seinem Auge, mit dem Splitter in des anderen Auge zusammensetzen.

SCHIRACH

Das ist die Demut, die aus der Vernunft entsteht. Die westliche Geistesgeschichte hatte solche Höhepunkte: Athen, das römische Recht, die Renaissance, die Aufklärung. Und, wenn man so will, auch die Moderne.

KLUGE

Sie haben bei jedem dieser Schritte noch einen Zwischenschritt oder einen Gegenschritt. Zur Renaissance haben Sie den »Anti-Machiavell« von Friedrich II. Zur klassischen Aufklärung haben Sie in der Romantik bei Schlegel und Tieck (wenn Sie so wollen, die besonnenen Romantiker bis hin zu Caspar David Friedrich) eine Vertiefung und eine Verlebendigung, die auch zur Aufklärung zählen muss.

SCHIRACH

Im Grunde genommen waren das alles Auflehnungen gegen unsere Natur. In Rom ist es die Entwicklung des Rechts, in der Aufklärung die Idee individueller Schuld. Nach unserer Natur wollen wir den töten, der getötet hat. Gegen unsere Natur ist, zu fragen, warum er es getan hat. Die Frage nach der Schuld ist auch die Frage nach dem richtigen Maß.

KLUGE

Sie könnten die Geschichte der Zivilisation an dieser Frage festmachen. Das können Sie in jedem Land. Es wiederholt sich. Wir kennen die sogenannte *Wüstung* nach dem »Sachsenspiegel«, dem bebilderten Gesetzbuch des 13. Jahrhunderts.

Wenn ein Mord Grauen erregt hat, muss alles sterben, was am Ort des Unheils zu sehen ist: die Kinder, das Vieh, die Unschuldigen. Das Haus muss niedergerissen werden. Es soll aus der Welt verschwinden, was vom Verbrechen kontaminiert ist.

SCHIRACH

Das war Aberglaube oder, freundlicher gesagt, Hoffnung. Man glaubte, sich so reinigen zu können, sich also vom Bösen zu befreien. Aber das kann kein Gericht. Ein Richter befreit den Täter nicht von der Schuld. Und manchmal gibt es eine Schuld, die so groß geworden ist, dass auch ein Gericht sie nicht mehr wiegen kann.

KLUGE

Das fängt an mit der Nordsee, die Holland zu verschlingen droht. Dazu gehören auch das Erdbeben und der Tsunami in Lissabon 1755.

SCHIRACH

Nach dem Erdbeben von Lissabon war Voltaire sich sicher, dass Leibniz unrecht hatte. Wir leben nicht in der Besten aller Welten. Warum wurde die Stadt mit den meisten Kirchen zerstört, warum starben tausende Menschen unschuldig?

KLUGE

Ein Willkürakt Gottes oder der Natur, deus sive natura. Gott und die Natur werden bei Spinoza gleichgesetzt.

SCHIRACH

Noch in Finnland sei das Erdbeben zu spüren gewesen, hieß es. In der Schweiz sei ein See abgesunken und habe sich wieder gefüllt. Sogar Casanova, der zu dieser Zeit in Venedig eingesperrt war, glaubte, die Bleiplatten über seinem Gefängnis hätten sich bewegt.

KLUGE

Das ist aber schon eine poetische Struktur. Wahr ist, dass die Bewegung der Erde in Japan, welche die Katastrophe von Fukushima auslöste, auch in der Schweiz gespürt wurde. Spirituell findet sich diese Sensibilität des Blauen Planeten bei Fontane. Der Stechlinsee, schreibt er, besitzt wie eine Haut empathische Energie.

SCHIRACH

»Wenn es weit draußen auf der Welt zu rollen und grollen beginnt«, sei es in Java, auf Island oder in Hawaii, wird der See lebendig. Aber wenn es draußen »etwas Großes« gibt, wie Lissabon, dann steigt statt des Wasserstrahls »ein roter Hahn auf und kräht laut in die Lande hinein«.

KLUGE

Wenn in Indonesien ein Naturmassaker, also ein Vulkan ausbricht, die Menschen sterben, hat der kühle preußische See diese Empfindung. Voltaire sagt, in dem Fall erklären wir der Natur den Krieg. Es wäre billig zu sagen, wir erklären Gott den Krieg. 1918 gibt es in der Sowjetunion ein Prozesstheater, in dem Gott angeklagt wird.

SCHIRACH

Wir könnten das auch heute noch machen.

KLUGE

Das wäre gratis. Gott ist nicht ladungsfähig.

SCHIRACH

Vielleicht doch. Stellen Sie sich zwei alte Männer vor. Der eine ist ein alter Anwalt, Seniorpartner einer riesigen Kanzlei mit 800 Anwälten. Er arbeitet nicht mehr, morgens geht er noch in sein Büro, liest ein bisschen Post, gibt Ratschläge, langweilt sich. Der andere ist sein bester Freund, ein Arzt. Wie jeden Mittag sitzen sie zusammen im Restaurant und unterhalten sich, sie haben ihr Leben gelebt. Plötzlich knallt der Arzt die Zeitung auf den Tisch. Er halte es nicht mehr aus, er könne die Nachrichten nicht mehr ertragen. Jeden Morgen Verbrechen, Morde, Vernichtungen, Terrorismus, Naturkatastrophen. Es muss doch jemanden geben, der verantwortlich ist. »Gott«, sagt der Anwalt. Der Arzt stimmt zu. Er bittet seinen Freund, diesen Gott endlich einmal zu verklagen, er sei schließlich an allem schuld. Der Anwalt überlegt, wie er das machen soll. Die Klage muss Gott zugestellt werden, aber der hat keine ladungsfähige Anschrift. Der Arzt sagt, Gott wohne ja in jeder Kirche, vielleicht ginge es so. Der Anwalt überlegt: Der Stellvertreter Gottes auf Erden ist der Papst, der Stellvertreter des Papstes ist der Bischof. Also stellt er die Klage dem Bischof zu, lädt ihn und versucht ihn verantwortlich zu machen.

KLUGE

Uns fehlt der Gerichtshof.

SCHIRACH

Ein ganz normales Zivilgericht. Der Anwalt will Entschädigung in Geld, weil *Wiederherstellung* ja nicht möglich ist. Und Geld hat die Kirche genug. Niemand weiß, wie viel das ist. Es gibt Schätzungen, alleine in Deutschland soll ihr Vermögen

200 Milliarden Euro betragen. Und der Anwalt hat noch ein weiteres Argument: Niemand, so die Bibel, könne dem Mammon und Gott gleichzeitig dienen. Er muss beweisen, dass Gott für alles Übel verantwortlich ist. Die Beweise stehen in der Bibel. Der Bischof kann ja unmöglich sagen: Nun, das ist doch nur ein Buch, nicht alles ist wahr, was darin steht.

KLUGE

Alternativ haben sie entweder eine betrügerische Lehre verkündet oder aber es gibt Gott, und dann haften sie.

SCHIRACH

Die Heilige Schrift muss wahr sein, sie ist schließlich Grundlage der Religion. Und wenn die Bibel wahr ist, hat Gott viele Verbrechen begangen. Denken Sie nur an die Vertreibung aus dem Paradies. Die erste Frage ist, wie kam das Böse ins Paradies. Das ist nicht unkompliziert. Gott hat den Menschen nach seinem Ebenbild erschaffen. Weil der Mensch aber auch böse sein kann, müsste Gott auch das Böse erschaffen haben. Das aber würde seinem Wesen widersprechen – er ist ja nur gut. Augustinus fand die Lösung: Gott habe den Menschen die Freiheit gegeben, sich eben auch für das

Böse zu entscheiden. Das Böse ist also der Preis für die Freiheit. Augustinus erklärte auch, wie das Böse entstanden ist – es sei nämlich ohne Substanz, also wie ein Loch in der Erde oder wie die Blindheit, nichts also, was erschaffen wurde, sondern lediglich ein Mangel. Die Folgen der Entscheidungsfreiheit des Menschen kennen wir. Er isst von der Frucht des verbotenen Baumes. Gottes Strafe: Der Mensch muss ins Elend, in diese kalte Welt, und er wird sterblich. Aber schon hier, so der Anwalt, machte Gott alles falsch. Er verurteilte nicht nur Adam und Eva, sondern darüber hinaus auch gleich noch alle ihre Nachkommen, also uns. Den Grundsatz, dass Strafe persönliche Schuld voraussetzt, lässt dieser Gott nicht gelten. Seine Entscheidung ist noch aus einem anderen Grund zweifelhaft: Es steht nämlich gar nicht fest, ob Adam überhaupt wusste, dass die Frucht vom verbotenen Baum stammte. In der Bibel heißt es dazu lediglich: «Sie – also Eva – nahm von der Frucht und aß und gab ihrem Mann auch davon, und er aß.« Wenn aber Adam glaubte und glauben durfte, Eva sei an diesem Tag einfach nur freundlich gewesen und hätte ihm etwas frisches Obst gebracht, handelte er ganz ohne Vorsatz – und folglich auch ohne Schuld. Adam wird also zu Unrecht bestraft. Auch die Mitschuld Gottes wurde nicht geklärt – er war es doch, der diesen seltsamen Baum gepflanzt hat, und er war es doch, der diese bösartige Schlange erschaffen hat. Damit hat er selbst die Ursachen für Evas Verfehlung gesetzt. Wenn aber Gott erst Voraussetzung oder sogar Anreiz für Straftaten erschafft, kann er später niemanden dafür verurteilen. Das ist ein »venire contra factum proprium« – ein selbstwidersprüchliches Verhalten.

KLUGE
Gott hat die Veranlassung gegeben, und dann bestraft er. Erst lässt er sie schuldig werden und führt sie dann ins Verderben. Sie erzählen eine Geschichte, welche die Konzilien bitter bewegt hat. Die Frage nach der Ungerechtigkeit Gottes ist die Frage der Katharer. In der Apokalypse des Abraham steht: Ich, Gott, bin willkürlich und unsichtbar.

SCHIRACH
Seine Willkür ist der Grund der Klage. Die Sintflut: Gott sieht die Menschen, ist mit seinem Werk unzufrieden und beginnt einfach zu töten.

KLUGE

Ein Erzengel hat Gott verraten. Er hat Menschentöchter geschwängert. Dann hat ein Bruder den anderen Bruder ermordet, um dessen Frau zu bekommen. Das ist der wahre Anlass für die Sintflut. Dass ein Bruder den anderen Bruder tötet, das ist Kain und Abel. Aber dass man, um die Frau des anderen zu bekommen, dessen Nachkommenschaft umbringt, wie ein Löwe die Jungen seines Vorgängers reißt, das war das, was Gott nicht gefiel. Das wollte er auslöschen. Dass auf Bitten Abrahams wenigstens ein Schiff, das die Heiligen Schriften transportierte, den Berg Ararat erreicht, ist die Ausnahme von einem an sich apodiktischen Urteil. Das steht schon im Gilgamesch-Epos. Das ist weit vor den christlichen Traditionen verbürgt.

SCHIRACH

Sie haben recht. Lassen wir in unserem Prozess den klugen Richter die Klage abweisen, weil gegen Gott nicht vollstreckt werden kann. Oder weil Gott schweigt. Es ist dieses Schweigen, das Pascal frieren ließ, die unendlich weite Stille. Ich verstehe Pascals Einsamkeit. Warum ist niemand da draußen im All, der uns Antworten gibt? Existieren andere Lebensformen überhaupt? Der Physiker Enrico Fermi stellte dazu eine verblüffend einfache Frage: Wo sind sie? Die Frage ist klug, denn Milliarden Sterne sind Milliarden Jahre älter als unser Planet. Die Evolution müsste dort also viel weiter sein. Warum haben diese Wesen uns nie besucht, wenn es sie gibt? Die Antwort in einer Kurzgeschichte von Stanislaw Lem: Der Astronaut Pirx will fremde Intelligenz finden, setzt sich in sein Raumschiff und fliegt durchs Weltall. Er findet niemanden. Während er nachdenkt, durchquert er eine Wolke und bemerkt dabei nicht, dass diese Wolke viel besser Schach spielen kann als er. Vielleicht ist außerirdisches Leben also längst hier, es ist der Nebel oder das Wasser oder es sind die leuchtenden Tiefseefische. Aber sie schweigen, oder wir hören sie nicht.

KLUGE

Wenn Sie im Voltaire'schen oder in Spinozas Sinne Gott, Natur und Realität gleichsetzen, wäre die Natur korrigierbar durch Gegenproduktion. Man kann Dämme bauen, die so gewaltig sind, dass sie eine Nordsee zähmen.

SCHIRACH

So wurde der französische Schlossgarten angelegt. Vorne das Haus, dahinter die symmetrische, die gezähmte Natur. Jede Hecke, jeder Grashalm muss seine Ordnung haben. Dann kommt eine kleine Steinmauer, ein Tor, ein Graben. Und dahinter beginnt die Wildnis, grausam und irr.

KLUGE

Die Zivilisation in den Städten ist dadurch gekennzeichnet, dass man eng gepresst wie in Konservendosen zusammenlebt, aber Sie haben eine Tür, und die darf keiner durchdringen. Das Wohnungseigentum wird mit den ersten Städten erfunden. Das gibt es auf dem Lande nicht. Wo kommt Ihre Familie her? Wie alt ist sie?

SCHIRACH

Soweit ich weiß, aus der Lausitz.

KLUGE

Slawen?

SCHIRACH

Sorben. Viele Generationen Pfarrer, später Wissenschaftler, Richter, Historiker und Zeitungsverleger, die meisten dienen dem Staat, 400 Jahre lang schreiben sie Bücher. Der Urgroßvater meines Urgroßvaters spricht sich 1848 für einen liberalen Nationalstaat aus. Er ist Richter am Oberappellationsgericht und königlich-dänischer Verwalter der

Schleswig-Holsteinischen Oberdicasterien. Die Geschichte entscheidet gegen ihn, den militärischen Preußenstaat erträgt er nicht. Er wandert mit seiner Familie nach Amerika aus. Sein Sohn kämpft im Bürgerkrieg, heiratet in eine Unternehmerfamilie ein, das sind Gouverneure in Philadelphia, sie stellen Lokomotiven für die Southern Pacific her, einer der Vorfahren gehört zu den Gründungsvätern der USA. Die nächste Generation wächst noch in Amerika auf, heiratet dort, kehrt aber dann nach Deutschland zurück. Mein Urgroßvater wird Intendant der Weimarer Theater. Meine Urgroßmutter kommt aus einer Familie von Plantagenbesitzern in South-Carolina. Ich habe ein frühes Foto von ihr, eine Frau mit schmalem Hals und dunklen Augen. Sie ist so stolz auf ihre Herkunft, dass sie sich weigert, mit dem Kaiser Deutsch zu sprechen. Das Paar hat drei Kinder, das jüngste ist mein Großvater Baldur von Schirach. Er ist kein Mitläufer, kein unschuldig Schuldiger, er ist das Gegenteil. Er steht an vorderster Stelle, er prägt den NS-Staat mit, er hört die Posener Geheimreden Himmlers und ist für die Deportation der Juden aus Wien verantwortlich – und er ist stolz darauf. Seine Schuld wiegt schwerer als die anderer Nazis, gerade weil er aus so einer Familie stammt. Er hatte immer eine Wahl.

KLUGE

Wie sind Sie aufgewachsen?

SCHIRACH

In München, später bei der Familie meiner Mutter auf dem Land. In dem Haushalt leben Hausmädchen, eine Köchin, Gärtner und Fahrer, es gibt Fuchsjagden mit Pferden und Wildbret aus dem Revier. Die Wochenenden verbringen wir oft im Jagdhaus, ein Förster wohnt dort, er kümmert sich um die Hundemeute. Nachts höre ich im Keller das Blut von den geschossenen Rehen und Hasen in Zinkwannen tropfen. Die meiste Zeit im Sommer bin ich draußen, das Haus liegt einsam, ein Park, eine Gärtnerei, zwei Teiche, ein Schwimmbad, ein Tennisplatz. Die Erwachsenen beschäftigen sich kaum mit den Kindern, ihre Welt und unsere Welt ist noch ganz voneinander getrennt. Mein Bruder und ich essen in der Küche, die Erwachsenen im Esszimmer. Die Winter sind unendlich lang und unendlich langweilig. Ich beginne früh mit dem Lesen. Mir bleibt nichts anderes übrig, als mich mit mir selbst zu beschäftigen, wir fahren nicht in die Ferien, Besuche sind selten. Das alles fehlt mir heute, das ruhige Gleiten der Tage, die langen heißen Sommer, in denen nichts passiert, die Stimme der Köchin, die nach mir ruft. Mein Vater steht im

Fluss und angelt, er ist noch sehr jung, barfuß, mit hochgekrempelten Hosen, sein weißes Hemd, sein Lachen, der Rauch seiner Zigaretten. Ich denke an das dunkle Grün der Nachmittage, an die beiden Hunde, die Whisky und Shakespeare hießen, an den Geruch der Malven, Flieder und Kastanien und an das nasse Gras nach dem Regen. Mein Vater starb früh. Vielleicht schreiben wir ja, damit unsere Erinnerungen bleiben.

KLUGE

Dann ein Jesuiteninternat.

SCHIRACH

Es liegt im Schwarzwald, ein enges Tal, weit weg von der nächsten größeren Stadt. Ich bin zehn Jahre alt. Nur in den Ferien fahren wir nach Hause. Von einem Tag auf den anderen liege ich mit dreißig anderen Jungen in einem Schlafsaal. In dem Waschsaal hängen die Waschbecken nebeneinander an der Wand, es gibt nur kaltes Wasser, im Winter kommen winzige Eiskristalle aus den Hähnen. In der ersten Nacht dort denke ich, jetzt wird das Licht wieder eingeschaltet und eine Stimme sagt: »Du warst tapfer, jetzt ist es vorbei, Du darfst wieder nach Hause.« Nach ein paar Wochen geht es, weil Kinder sich an fast alles gewöhnen. Es klingt wie eine Kindheit aus dem 19. Jahrhundert, aber es ist nur 40 Jahre her.

KLUGE

Was sich in einer Generationskette sammelt, ist extrem unterschiedlich, wie eine eigene DNA.

SCHIRACH

Ja, und vergangene Generationen bedeuten weder Verdienst noch Schuld. Für mich jedenfalls bedeuten sie nur Verantwortung. Wir besitzen Anteile unserer Vorfahren, aber wir sind nicht diese Anteile.

KLUGE

Wir sind verschieden wie ein Fingerabdruck.

SCHIRACH

Und wir entscheiden, wer wir sein wollen. Wenn wir das nicht mehr glauben, müssen wir aufgeben.

KLUGE

Dann ist der Dämon des Sokrates eingesperrt. Diese Individualität, diese Eigensinnigkeit ist unzähmbar. Wolf Singer sagt, da zwitschert etwas im Kopf. Die Neuronen geben Töne von sich wie junge Vögel, während sie arbeiten. Das Gehirn ist eine Stadt für sich. Es handelt sich um ein Kauderwelsch, das wir nicht verstehen, das nicht Sprache ist, wodurch sich die Neuronen untereinander pausenlos verständigen. Das ist nicht die Sprache der Außenwelt. Die Außenwelt, geprägt von den Hirnen, und die Hirne, geprägt von der Außenwelt, haben sich in der langen Zeit der Evolution aneinander angepasst.

SCHIRACH

Mich beeindruckt Singer. Aber wir sollten vorsichtig sein. Wenn es keinen freien Willen gibt, ist das das Ende unserer Freiheit, unserer westlichen Gesellschaft.

KLUGE

Dann tun wir so, als wären wir frei. Notfalls sind wir die Schauspieler unseres Glücks. Es gibt andere Forschungen, die zeigen, wie komplex das ist. Da sind kleine Beamte in unserem Kopf, einige Milliarden, die unheimlich subtil sind, und jeder einzelne hält sich für ein Individuum. Die Freiheit ist eingebaut ins Nervensystem.

SCHIRACH

Der chinesische Schriftsteller Liao Yiwu schildert seine Zeit im Gefängnis, die Folterungen, die Demütigungen. Er sagt, er sei trotzdem ein freier Mensch gewesen. Descartes war erst 23 Jahre alt, ein Soldat im Dreißigjährigen Krieg. Er ist bei Ulm stationiert. In der Nacht vom 10. auf den 11. November 1619 wacht er aus einem Traum auf und beendet seine Zweifel mit dem berühmten Satz: »Je pense, donc je suis«, ich denke, also bin ich. Auch das ist eine Form von Freiheit, vielleicht ist es sogar unsere einzige. Es ist die Freiheit in unserem Kopf.

KLUGE

Wann sind Sie vom Juristen zum Autor übergegangen?

SCHIRACH

Die beiden Berufe unterscheiden sich gar nicht so sehr. Anwälte hießen früher Fürsprecher, sie sprechen für ihre Mandanten, weil sie selbst es oft nicht können. Der Anwalt – wie der Schriftsteller – erzählt also Geschichten. Diese Geschichten sind für die Mandanten wichtig, denn je mehr wir über einen Menschen wissen, umso schwerer fällt es uns, ihn zu verdammen. Jeder Polizist lernt das: Wenn ein Mädchen entführt wird, ist es entscheidend, dass der Täter schnell ihren Namen erfährt. Schon wenn er weiß, dass sie Luisa heißt, kann ihn das hemmen, ihr Gewalt anzutun. Im Gericht ist es nicht anders. Ein Richter wird einen Menschen, von dem er nichts außer seinem Verbrechen kennt, leichter zu hohen Strafen verurteilen. Es ist also die Aufgabe des Anwalts, den Richtern den Menschen näherzubringen. Er erzählt von den Hoffnungen seines Mandanten, von seinem Streben nach Glück, von seinem Scheitern. Er versucht, den Richter zu berühren. Und der Leser ist, wenn Sie so wollen, der Richter des Schriftstellers.

KLUGE

Theoros ist der Begleiter einer Gesandtschaft in eine andere Stadt. Er ist der poetische Begleiter der Sänger und soll darauf achten, ob sie lügen, was sie verbergen, ob sie die Schätze von einem Tempel zum anderen tragen. Dieses Sehen, das Betrachten, ist der Urgrund für das, was wir heute als Theorie bezeichnen.

SCHIRACH

Bei Thukydides ist Theoros immer mit einer Reise verbunden. Sie bringt Erkenntnis und Erfahrung. Auch das ist ein Ursprung der Theorie. Das ist für mich das Erstaunlichste an dieser frühen Gesellschaft: Sie denken über alles das erste Mal nach, sie stellen alle Fragen neu. Und oft kommt es mir so vor, als wären sie damit viel weiter gekommen als wir heute.

KLUGE

Im 21. Jahrhundert machen wir bei den Griechen Anleihen. Ich würde nicht in der Renaissance anfangen.

SCHIRACH

Die Renaissance hat die Antike verklärt. Aber ist das heute anders, tun wir das nicht auch? Das Bedeutende an der Renaissance war die Wiederentdeckung der Vernunft. Ich bin mir nicht sicher, Herr Kluge, aber ist nicht ein Gegenbegriff zur Vernunft die Wut? Entsteht sie nicht vor allem durch Kränkung? Sigmund Freud hielt Triebe für die elementaren Kräfte. Den Selbsterhaltungs- und den Sexualtrieb. Vielleicht können wir die Weltgeschichte aber auch so verstehen, dass es fast immer um Kränkungen geht. Von Troja bis zu Trump scheint sie ein Motiv für politisches Handeln. Die White House Correspondents' Association lädt Trump 2011 zu einem Dinner für die Presse ein. Alle wichtigen Journalisten sind dort. Obama hält die Rede des Abends, er demütigt Trump ausführlich von der Bühne herab. Trump sitzt stumm da und starrt geradeaus, während er ausgelacht wird. Viele sagen, das sei der Auslöser für Trumps spätere Kandidatur gewesen.

KLUGE

Die Beule in der Identität wäre die Kränkung. Ich bin Bauer im Mittelalter, und eine Horde Wildschweine zertrampelt mir alles Getreide und Getier. Das ist Kränkung. Und das scheint mir eine wahre Sache zu sein. Die einzige übrigens, die Zorn auslöst. Wie geht Entkränkung?

SCHIRACH

Ruhm jedenfalls nützt nichts. Thomas Mann hatte schon längst den Nobelpreis, er wurde der größte lebende Schriftsteller genannt. Millionenauflagen, Triumphzüge, Lorbeerkränze, Privataudienz beim Papst. Jede negative Kritik wird trotzdem vermerkt und als »Schmähung meines ganzen Lebens« verstanden. 1954, ein Jahr vor seinem Tod, schreibt er über eine Rezension im »Merkur«: »lange, widerwärtige, deprimierende Besprechung«, und über einen Text im SPIEGEL: »elend verklatschter Artikel über mich«. Er hält es auch kaum aus, dass Hermann Hesse einen Orden bekommt und er dabei »übergangen« wird.

KLUGE

Man hat einen Schutzschirm um sich herum, eine Art Rüstung. Normale Beleidigung oder Beschimpfung betrifft einen nicht, und plötzlich geht etwas unter die Haut. Hitlers Mutter, Klara, liegt, wo die Mägde sind, unten im Parterre, hochschwanger von dem jähzornigen Hausherrn, und die Ehefrau Hitler stirbt gerade oben. Die ist gekränkt. Manche Leute sagen, ein Volk irrt nicht und dass sie Hitler trotz der Theaterreden und der Aggressivität angenommen haben, liegt daran, dass sie das wirkliche Motiv in ihm lesen können, nämlich, dass er seine Mutter verteidigt. So verteidigt er Deutschland gegen Versailles. Laut Helm Stierlin kann eine Kränkung viele Bögen machen, viele Verwandlungen haben.

SCHIRACH

Hitler als Verteidiger seiner Mutter halte ich für Unsinn. Aber es scheint auch etwas wie die Kränkung einer ganzen Bevölkerung zu geben. Die Kehrseite des Nationalstolzes.

KLUGE

Das Volk liest in einem falschen Boten oder in einer schlechtgeschriebenen Schrift an der Wand in Form eines Redners, was es eigentlich meint.

SCHIRACH

1651 veröffentlicht Thomas Hobbes den »Leviathan«. In England herrscht damals Chaos, ein schrecklicher Bürgerkrieg. Hobbes sagt im »Leviathan«, die Menschen geben ihre Freiheit freiwillig auf, um Sicherheit zu gewinnen. Deshalb ordnen sie sich einem starken Souverän unter. Und er sagt, es gebe drei Ursachen für jeden Konflikt: Konkurrenz, Angst und Stolz. Die Konkurrenz führe zu Neid, die Angst zur Gefahrenabwehr und der Stolz zur Kränkung. Das ist eine gute Beschreibung, auch wenn ich glaube, dass all diese Motive sich in einem Menschen fast immer bündeln.

KLUGE

Wenn ich sehe, dass ein anderer auch gekränkt worden ist, kann ich da den Grund erkennen und den Fehler, der meine Kränkung ausgelöst hat, verstehen. Wenn ich verstehe, warum ich gekränkt worden bin, kann das Holz aus dem Feuer gerissen werden. Das Schlimme bei der Kränkung ist, dass ich es nicht verstehe. Ich rede nicht vom Verstand, sondern von dem Gefühl oder vom Herz, das etwas versteht.

SCHIRACH

Bei der Kränkung geht es um die Ungerechtigkeit, die der Gekränkte empfindet. Michael Kohlhaas will Genugtuung. Er glaubt sich im Recht, und dadurch wird es immer schlimmer.

KLUGE

Nehmen Sie den Fall der überholenden Kausalität. Sie sind bitter gekränkt worden, haben aber keine Zeit für die Kränkung, weil etwas Wichtiges von ihnen gefordert wird; Sie müssen das Haus löschen nach dem Bombenangriff, müssen den Mauerdurchbruch schaffen. Wenn wir auf der einen Seite eine Serie von Theaterstücken republikanischer Art uns vorstellen, die wir brauchen, in mindestens zwanzig Städten gleichzeitig als Premiere vorgeführt, wäre das eine Gegenwehr gegen das Übermaß der Social Bots auf Seiten der analogen Öffentlichkeit. Auf der anderen Seite wäre eine Form nötig, die Fortsetzung der Oper im 21. Jahrhundert, welche die intimen Fragen eine nach der anderen auf die Waage legt, misst, prüft, sortiert, wie es Mozart und da Ponte in dem Vierer-Paar bei »Così fan tutte« experimentell versuchen. Die Politik hat zwei Sitze, wie eine Kränkung, die kann nie nur öffentlich und nie nur privat sein. Wir leben in diesen zwei Welten, und die einzige, die

Selbstintrospektion ermöglicht und die Person aufbaut, ist die intime.

SCHIRACH

Um die geht es, um das Zurücktreten vor sich selbst. Sonst führt die Kränkung zum Zorn. Seneca erzählt von Konsul Piso. Der Konsul, ein jähzorniger Mann, verurteilt trotz schwacher Indizien einen Soldaten wegen Mordes an seinem Kameraden. Als der Henker das Schwert hebt, um den Soldaten zu köpfen, taucht das angebliche Opfer wieder auf. Der Zenturio, der für die Hinrichtung zuständig ist, bringt die beiden Männer zu Piso. »Der eine hielt den anderen in großer Freude umschlungen«, schreibt Seneca. Aber Piso wird wütend, er ist gekränkt, weil er unrecht hatte. Er befiehlt, sofort alle drei zu töten, die beiden Soldaten und den Zenturio: den angeblichen Mörder, weil sein Urteil schon gesprochen sei, den Zenturio, weil er den Befehl nicht ausgeführt habe, und das angebliche Opfer, weil es für den Tod zweier Männer verantwortlich sei. Die Wut sei eine kurze Geisteskrankheit, sagt Seneca, weil sie ohne Macht über sich selbst sei, sie habe mehr Schaden angerichtet, als jede Seuche, sogar den Untergang von Städten und ganzen Völkern. Kränkung verwandelt sich in Zorn und die in Gewalt. Die Ursache ist unser Stolz, und der ist immer gefährlich.

KLUGE

Die Kränkung ist in der Liebe besonders stark möglich. Gibt es zur Reduktion von Kränkung irgendwelche Möglichkeiten? Es ist wie bei Carmen und Don José. Sie liebt ihn nicht mehr, aber sie gibt sich noch einmal hin und überlebt.

SCHIRACH

Ihre Hingabe ist kein Versprechen, das ist das Entscheidende. Auf dem Weg zu Ihnen habe ich in den Tagebüchern von Ingeborg Bachmann gelesen. Sie träumt, wie ein Mann mit ihr schläft. Danach bedankt er sich für die Großzügigkeit, dass er das tun durfte.

KLUGE

Die Brosamen einer schönen Frau sind wunderbar, und mancher nährt sich davon.

SCHIRACH

Sie stellt ihm ihren Körper nur zur Verfügung. Kein Versprechen, nichts ist damit verbunden. Das gibt es öfters, manchmal werden unsere Körper uns fremd, sie gehören nicht mehr zu uns, sie werden zu Gegenständen, zu Maschinen, die nur funktionieren. Die Mediziner sagen, das sei eine Unterfunktion des Inselcortex im Gehirn.

KLUGE

Es kann auch bezaubernd sein. Ich stelle mir den Figaro vor, also Beaumarchais und seine Jugendfreundin, mit der er sicher im Keller öfter gespielt hat. Jetzt ist sie Gräfin und jeden Tag fasst er sie intim an, an den Haaren, aber mehr darf er nicht machen. Trotzdem lebt er auch von dieser Wärme.

SCHIRACH

1886 schilderte der Psychiater Richard von Krafft-Ebing einen Fall: Nach der Eheschließung eines jungen Paares begnügte sich der Mann in der ersten und zweiten Nacht damit, seine Frau zu küssen und ihr Haar zu durchwühlen. Danach schlief er ein. In der dritten Nacht bat er seine Frau, sich eine Perücke mit langen Haaren aufzusetzen. »Kaum war dies geschehen, so holte er reichlich die versäumte eheliche Pflicht nach«, schreibt der Psychiater. Von da an brachte der Mann immer eine Perücke mit, die er zuerst streichelte und dann seiner Frau aufsetzte. Sobald die Frau sie ablegte, »hatte sie jeden Reiz für ihren Mann verloren«. Die Perücken waren jeweils nur 10 bis 12 Tage

»wirksam«, danach wurden sie ersetzt, wobei sie immer »üppig an Haar« sein mussten. In den ersten fünf Jahren Ehe entstanden zwei Kinder und eine Perückensammlung von 72 Stück. Wir erinnern uns meist nur undeutlich an das Glück, aber scharf an alle Erlebnisse, die mit Scham verbunden sind. Fast immer geht es dabei um Sex.

KLUGE

Wagner teilt brieflich mit, Nietzsche sei Onanist. Damit hat er sich einen Gegner für den Rest des Lebens geschaffen.

SCHIRACH

Dann hilft auch die Philosophie nicht mehr.

KLUGE

Ich könnte mir vorstellen, dass dieses Menschliche viele verschiedene Stuben hat. Ich stelle mir einen Theaterraum vor. Da hätten Sie vier Stockwerke. Die Menschen würden zwischen den Zimmern schnell hin- und herrennen wie die Mäuse, weil die schlimmsten Situationen entstehen, wenn ich mehrere sexuelle Probleme oder Zimmer gleichzeitig berührt finde, wenn ich mich also schuldig fühle, Lust habe, sie abwehre und außerdem an jemand anders denke.

SCHIRACH

Die Frau eines Mannes starb nach einer schrecklichen Krankheit. Es dauerte Monate, eine einzige Qual, furchtbare Wochen im Krankenhaus. Gerade als der Mann nach dem Tod seiner Frau aus dem Krankenhaus kam, traf ich ihn zufällig auf der Straße. Er war heiter. »Es ist schrecklich«, sagte er, »aber ich bin endlich frei.« Viel später war dieser Satz dem alten Mann furchtbar peinlich.

KLUGE

Im Grunde halten wir die Ehrlichkeit in dieser Frage, das Authentische, für eine der größten Tugenden. Wir würden unsere Dichter achten, die das auf eine nichtobszöne Weise darstellen. Wo gäbe es den Ort in der Gesellschaft, wo man Intimitäten dieser Art schildern kann?

SCHIRACH

Wir fabrizieren in den Theatern seit vierzig Jahren so genannte Tabubrüche. Aber natürlich sind sie das nicht. Der Nackte auf der Bühne, der sich mit Kot beschmiert, bricht schon lange kein Tabu mehr. Das Tabu scheint mir etwas ganz anderes zu sein, es ist, worüber ich nicht sprechen kann. Es ist Intimität, Scham, Kränkung.

KLUGE

Catull, odi et amo, ich hasse und ich liebe, es zeigen sich Gleichzeitigkeiten. Er hat einige unanständige Gedichte geschrieben, über einen, der sich zum Beispiel entmannt, weil er mit seiner Liebe sich verirrt.

SCHIRACH

Indirekt kann man es erzählen.

KLUGE

Eigentlich können wir große politische Fragen, große Fragen unseres Lebens, nur beurteilen durch Introspektion. Morgens bin ich mit mir allein. Da kann ich das vor mir vorüberziehen lassen und auch in erotischen Fragen feststellen, wann ich lüge, wann ich ehrlich bin. Das kann ich nicht, indem ich die Welt beobachte. Wie könnten wir hier öffnen? Einen pornographischen Roman zu schreiben, läge mir fern. Das wäre auch deswegen nicht ehrlich, weil ich übertreiben müsste.

SCHIRACH

»American Psycho« von Bret Easton Ellis beschreibt die achtziger Jahre in New York, Übertreibung funktioniert bei ihm perfekt. Aber ich glaube, dass Sie recht haben, lieber Herr Kluge. Ich kann nur über das schreiben, was ich kenne, alles andere käme mir albern vor. Literatur hat keine Aufgabe. Sie ist frei. Literatur, die politisch und öffentlich sein muss, ist grauenhaft, ein Missbrauch, Staatskunst.

KLUGE

Pferde sind Fluchttiere, die Phantasie ist ein Fluchttier. Deswegen werden Aufgaben wie Sattel von den Worten abgeworfen. Beschreiben Sie mir das Tier, das der Dichtkunst voranfliegt.

SCHIRACH

Pegasus, das Flügelross.

KLUGE

Einen Sattel hat es nicht, Zaumzeug duldet es nicht. Große Augen hat es und Flügel.

SCHIRACH

Wütend ist es, scheu, flatterhaft, ungeordnet, stark und gleichzeitig sehr sanft und beruhigend. Es trägt uns an andere Orte, ein glückliches Zauberwesen, ein Sternbild. Wir müssen alles haben, das L'art-pour-l'art-Gedicht und das politische Theater.

KLUGE

Es wäre ein hinreißendes Projekt, wenn man ein Theaterstück beginnt mit einem öffentlichen Diskurs à la Cicero und Voltaire, mit einer wirklichen Frage. Man unterbricht das aber nicht durch eine Pause, sondern durch einen entr'acte, in dem Dada gilt. Dann hat man wieder Lust auf Ratio. Eine der stärksten Formen der Wirkung ist Abwechslung. Wenn man die Sinne angesprochen hat, die in der Ratio stecken, und sie gehen auf das Zwerchfell runter, wird das Zwerchfell so erlösend wirken, dass Sie wieder Lust haben zu denken.

SCHIRACH

Mir wäre das zu viel, ich bin zu langsam. Ich brauche Zeit, ich brauche die Pausen im Theater und die Langsamkeit des Lesens. Auch da bewundere ich Michael Haneke. Seine Filme haben für mich das richtige Tempo. Oder die Filme von Sofia Coppola, »Lost in Translation« und »Somewhere«. Es geschieht fast nichts in ihnen, die Zeit bewegt sich kaum. Beide Filme spielen fast nur in Hotels. In Tokio durfte ich in dem Zimmer wohnen, in dem »Lost in Translation« gedreht wurde. Man sieht unter sich diese riesige, aufgeregte Stadt, nachts blinken an den Hochhäusern die roten Warnlampen für Flugzeuge. Man ist einsam in solchen Zimmern, es wird sehr still.

KLUGE

Catull schreibt möglicherweise nur für sich.

SCHIRACH

Wie vermutlich auch Marc Aurel. Er schreibt Handlungsanweisungen an sich selbst. Die Wirkung dieser Bücher kommt aus der Stille.

KLUGE

Das ist die freundliche Seite der Literatur. Die hermetische Seite ist unfreundlich.

SCHIRACH

Der Schriftsteller ist freigestellt. Das ist wie in einem großen Unternehmen, das Mitarbeiter für besondere Aufgaben freistellt. Dann die besondere Aufgabe nicht zu erfüllen, scheint mir fast unverschämt.

KLUGE

Wenn wir schon den Titel *Besondere Wachtmeister* tragen, sind wir auch schnell.

SCHIRACH

Unsere Zukunft ist offen, lieber Herr Kluge. Politiker irren, wenn sie sagen, etwas sei »alternativlos«. Das Gegenteil ist der Fall. Rousseaus Ideen endeten in furchtbarem Terror. Niemand, weder die Politiker noch die Wähler, sind im Besitz der Wahrheit. In der Türkei wird gerade die Freiheit immer weiter beschränkt, Notstandsgesetze werden seit Juli 2016 dazu angewandt. Mehr als 150 Medienhäuser wurden mittlerweile geschlossen und 120 Journalisten inhaftiert. Auch Ungarns und Polens Innenpolitik ist erschreckend. Wir müssen die Unabhängigkeit der Gerichte achten, die Selbstständigkeit der Institutionen, das ganze komplexe Geflecht aus Regierung, Gesetzgebung, Rechtsprechung und Presse. Sonst werden wir eines Tages aufsehen, weil die Musik mitten im Takt abbricht, die heiteren Spaziergänger werden verschwinden, die leichten Sommerkleider und die hellblauen Tage. Und dann, ganz am Ende, verschwinden wir selbst.

Die Autoren

Ferdinand von Schirach, geboren 1964 in München, Jurist, Dramatiker und Schriftsteller. Er lebt in Berlin. Seine letzten Bücher: das Theaterstück »Terror« und sein persönlichstes Buch »Kaffee und Zigaretten«.

Alexander Kluge, geboren 1932 in Halberstadt, Jurist, Filmemacher und Schriftsteller. Er lebt in München. Seine letzten Bücher: »Kongs große Stunde. Chronik des Zusammenhangs« und – mit Georg Baselitz – »Weltverändernder Zorn. Nachricht von den Gegenfüßlern«.

Die beiden Autoren verbindet – außer dem anwaltlichen Interesse an rechtsstaatlicher Genauigkeit – ihre Zuneigung zu Thomas Mann und Heinrich von Kleist.

Über dieses Buch

Ferdinand von Schirach und Alexander Kluge unterhalten sich über Grundfragen des Rechts und der Gesellschaft, über Theater und Literatur, über die Gefahren der direkten Demokratie und der sozialen Medien und darüber, was den Menschen im eigentlichen Sinn menschlich macht.

»Die Herzlichkeit der Vernunft« ist ein sehr persönlicher Dialog der beiden Schriftsteller.

MIX
Papier | Fördert gute Waldnutzung
FSC® C014496

Penguin Random House Verlagsgruppe FSC® N001967

11. Auflage

in der Penguin Random House Verlagsgruppe GmbH,
Neumarkter Str. 28, 81673 München
produktsicherheit@penguinrandomhouse.de
(Vorstehende Angaben sind zugleich Pflichtinformationen nach GPSR)
Umschlaggestaltung: Buxdesign/München
Frontispiz: © Science Photo Library/Nasa
Satz: Uhl + Massopust, Aalen
Druck und Einband: GGP Media GmbH, Pößneck

Printed in Germany
ISBN 978-3-630-87591-0

www.luchterhand-literaturverlag.de
www.facebook.com/luchterhandverlag